그리운 곳에 옛집이 있다

이형권 지음

해둘누리

그리운 곳에 옛집이 있다

그곳은 내가 자라온 삶의 자리다

옛집에는 오래된 사유의 뜰이 있다

그리고 옛집에서는 누구나 넉넉하다

쓸쓸한 풍경을 찾아가는 까닭은

여덟살 때였을까. 산벚꽃이 휘날리던 날에 떠난 초등학교 봄소풍이 나에게는 첫 여행이었다. 태어난 동네와 면소재지에 위치한 학교를 오간적밖에 없는 천둥벌거숭이에게 퍽이나 신선한 경험이었다.

낯선 마을과 개울을 건너고 아득한 산길을 걸어서 우리가 찾아간 곳은 은적사(隱寂寺)라는 절이었다. 적막하게 숨어 산다는 이름만큼이나 깊은 산중에 자리잡고 있는 작고 퇴락한 절, 초등학교 시절 6년 동안을 한 해도 빠짐없이 찾아갔던 곳이다.

그 가슴 떨리던 첫 여행에서 내가 본 것은 하늘을 덮고 있는 울창한 비자나무숲과 세월의 무게에 못이겨 금방이라도 주저앉을 것 같던 기와지붕이었다. 물푸레나무에 홈을 파서 계곡물을 끌어들인 약수터에는 분홍빛 꽃잎이 가득 떠 있고, 벌컥이며 마셨던 그 물맛은 지금도 내 삶의 갈증을 적셔주는 감로수이다.

법당에는 오금이 저릴 정도로 무서운 쇠부처님이 앉아 있었다. 긴 겨울밤이면 아버지 무릎에서 귀에 못이 박힐 정도로 들었던 전설 속의 주인공이었다.

옛날 옛적 높바람에 늬가 일어 바다가 뒤집히던 날, 공세포 갯가에 무쇠를 녹여서 만든 부처님 한 분이 떠내려 왔드란다. 할배들이 이 분을 업어서 절에다 모실려고 했지. 대흥사로 가시자고 해도 움직이지 않고 미황사로 가시자고 해도 꿈적도 않으시던 분이 은적사로 가시자고 하니까

짚더미처럼 가벼워지셨드란다. 은적사 뒷고랑에는 등잔테 고리 명당이 있지. 그곳에다 묘를 쓰면 이 부처님이 노해서 가뭄이 드는데 그럴 때면 장촌들 아낙들이 호미를 들고 묘를 파러 가지……

30년이 넘는 세월을 외지로만 떠돌다가 몇 해 전 나는 귀향길에 아내와 아이들을 데리고 슬며시 그곳을 찾아간 적이 있다. 추억 속으로 가는 길은 여전히 아름다웠으며, 예나 지금이나 이름없는 절로 숨어 있기는 마찬가지였다.

쓰러질 것 같았던 법당은 새로 단장되어 있었고, 기괴한 표정의 쇠부처님은 더 이상 두려운 존재가 아니었다. 바닷속처럼 신비한 바람소리를 토해내던 비자나무숲은 기억 속의 영상에 비해 초라하기 그지없었다. 그래도 그 그늘에 앉아서 나는 시골뜨기 학생들이 목청껏 불러제끼던 낭랑한 노랫소리를 다 헤아릴 수 있을 것 같았다.

우리에게는 이렇듯 다시 찾아가고 싶은 추억 속의 공간이 있기 마련이다. 소중하게 간직해온 마음의 뜨락일 수도 있고 그리움이 묻어나는 뒤안길 같은 곳, 그곳으로 가는 여행처럼 행복한 여정이 또 있을까.

은적사에서 저멀리 지중해의 바다에 이르기까지 떠돌이 길손인 탓에 참으로 많은 곳을 헤매고 다니지만 내 마음이 돌아가고 싶은 곳은 언제나 고향마을 언저리이다. 동무들과 함께 황톳길을 달리면 등짝에서 빈 도시락이 종소리처럼 딸랑거리고, 햇살이 늘어져 고즈넉해진 흙담길을 돌아서면 저녁답 분꽃이 수줍게 피어나던 곳. 세상의 무지개를 처음 발견한 곳도 그곳이며 어버이들의 노동을 배우며 장단지가 알밤처럼 여물어 갔으니 사람들은 누구나 그 추억 속을 거닐며 살다 죽고, 죽어서는 그 땅 양지녘에 묻히고 싶어하는 것이다.

그 고향의 마을에는 낡고 오래된 옛집이 있다. 우리들을 키워낸 산과 들과 강줄기가 그림자처럼 다정하다. 바람에 일렁이는 대숲 속에는 무섭고도 슬픈 할머니들의 옛이야기가 살고 있다. 그곳은 우리에게 작은 우주이자 수많은 신들의 거처이다. 사시사철 베잠방이 적시며 땀흘리는 날들이 많지만 때가 되면 신들에게 바치는 신명나는 축제가 펼쳐진다. 역사의 암운이 몰려오면 그 어둠 속에서 몸부림치고 새로운 세상을 염원하던 함성소리도 그 마을에서 불씨를 일구었으니 고향은 살아있는 그대로 커다란 역사인 것이다.

『그리운 곳에 옛집이 있다』는 그 쓸쓸한 풍경을 찾아 헤매고 다니던 내 젊은 날의 편린들이다.

한시절의 영화를 뒤로하고 적막강산이 되어 버린 고향의 옛집에서 자연을 함축하고 풀이해낸 옛사람의 지혜를 만날 수 있었고, 낯선 길손을 맞아 선선히 하룻밤을 재워주던 고향의 마을에서는 바람에 뒤척이는 등잔불 같은 애뜻한 사연을 만날 수 있었다. 청산 속에 홀로 앉아 있는 서원이나 절집에서는 옛사람들이 추구했던 고향의 정신을 만날 수 있었다.

책이 만들어지기까지는 우여곡절이 있었다. 경향신문, 한국일보, 월간 말, 메종 지에 연재하면서 씌어진 것들인데 초라한 것들이어서 묵혀두고 싶었다. 우연히 해들누리의 강근원 님의 눈에 띄어 책으로까지 묶여지게 되었다. 그 고마움을 밝히지 않을 수 없다.

오랫동안 집 이야기에 매달리게 해준 메종의 황재수 님, 한결같은 성원으로 내 여행의 동반자가 되어주시는 현대백화점 문화센터 회원들, 떠도는 지아비의 빈 자리를 지키며 묵묵히 가정을 돌보는 아내와 예쁜 모습으로 자라주는 무진이와 덕진이…… 모든 이들에게 두루두루 감사할 따름이다.

내가 좋아하는 여행의 테마는 퇴락한 옛집과 순정어린 사람들이 살아가는 옛마을, 잊혀진 오솔길과 흰구름이 머물다가는 작은 절이다. 그곳을 무연하게 떠도는 것이다. 보고 싶으면 보고 싶은 대로 그리우면 그리운 대로 바람이 불면 바람이 부는 대로 길섶의 풀꽃처럼 흔들리고 싶은 것이다. 나는 그 길에서 더욱 쓸쓸해진 그대를 만나고 싶다.

1999년 초가을

이 형 권

서로를 껴안고 보듬어 넉넉하다

위로는 조상을 아래로는 손님을 받들다

물소리에 귀를 씻고 홀로 즐기다

서로를 껴안고 보듬어 넉넉하다

서로를 껴안고 보듬어 넉넉하다

대가족의 식솔들이 오순도순 살아가던 초가집

사라지는 것은 언제나 애뜻한 추억을 남겨놓는다. 돌과 흙과 나무와 볏짚으로만
이루어진 이 땅의 초가집, 겨레의 슬픈 근대화와 함께 역사의 무대에서 퇴장당한
유물이 되었지만 낮은 돌담을 따라 옛마을의 고샅길에 들어서면 적막강산
오두막집처럼 그리움의 등불은 밝아온다.

서로를 껴안고 보듬어 넉넉하다
낙안읍성 초가집

초가집. 흙과 돌과 나무와 볏짚들이 하나가 되어 만들어낸 우리네 삶과 가장 오랜 세월을 함께해 온 동반자이다.

기원전 6천년경 한반도에 벼농사가 전래된 이래 우리네 가족의 역사, 마을의 역사, 장엄한 국토의 역사가 깃들어 있는 모듬살이의 근본이 바로 초가집이다.

유난히 작은 키에 뒷동산이 걸어내려온 듯한 커다란 지붕. 그리고 그 속에서 살아온 대가족의 식솔들. 여름철이면 어김없이 박넝쿨이 우거지고 가을 햇볕 아래선 빨간 고추가 널려 상기도 붉었다. 그래서 고향이란 낱말 속에는 언제나 초가집의 영상이 간직되어 있으리.

그러나 가난과 게으름의 상징으로 여겨져 제나라의 살붙이들로부터 호된 멸시를 받고 참담하게 추방된다. 하루아침에 버려야 할 유산으로 낙인찍혀 일사천리로 철거되는 비운을 맞게 된다. 다름아닌 군사독재시절 터져 나온 근대성의 부르짖음으로. 골골마다 가득했던 그 많던 초가집들은 이제 자취마저 찾아볼 길이 없게 되었다.

그런데 왜 이제 와서 초가집이 그리워지는 것일까. 도회지의 아파트에 길들여진 섭생으론 단 하룻밤을 지내기에도 불편하기 짝이 없는 구질구

질한 초가집, 어찌하여 그 속에서의 추억들은 아늑하고 편안하고 정겹고 따뜻하기만 한 것일까.

초가집은 그 존재의 모든 것을 자연으로부터 취한다. 흙이며 돌이며 나무며 짚이며 자연으로부터 얻어진 가장 원시적인 재료만을 가지고 지어진, 그 어떤 장식이나 꾸밈도 첨가되지 않았다. 철따라 변화하는 자연의 색조만으로도 풍요롭기 그지 없었으니 우리의 옛문화 중에서 초가집만큼 자연을 거스르지 않은 유산은 없을 것이다.

지금 그 훈훈하고 무던한 자연의 마음이 그립다. 지금의 삶 속에서 이미 세월 저편으로 사라져버린 흙냄새가 더없이 그립다.

광주에서 부산으로 이어지는 남해고속도로, 순천 못 미처 선암사 출구를 통과하여 벌교행 이정표를 찾아나서면 길은 어느새 오지의 산골마을로 들어선다. 아직도 물레방아를 돌려 곡식을 찧고, 망건 쓴 할아버지가 들일을 하는 작은 마을과 들길을 지나 구불구불한 오금재 산마루를 올라서면 거기에 그리운 고향 낙안읍성 마을이 한눈에 들어온다.

오금재에서 내려다 보는 낙안땅의 첫인상은 무엇이던가. 절로 발길이 멈춰지고 탄성이 터져나온다. 산들이 어깨동무를 하고 춤을 추듯 둥그런 원을 그리고, 그 복판은 진초록의 물결이 넘실대는 기름진 들판. 마치 커다란 항아리를 빚어내듯 절묘하게 만들어낸 조물주의 솜씨라고 볼 수밖에는 없다. 이러한 땅의 생리를 보고 낙안 사람들은 옥녀산발형(玉女散髮形)의 명당이라고 이름하였다. 옥녀가 사랑하는 임과 사랑을 나누기 위해 머리를 풀어헤치고 단장을 하고 있는 모습이라는 이야기이다.

마을의 연역은 멀리 마한시대까지 거슬러 올라간다. 『세종실록지리지』 『동국여지승람』 같은 지리지에 따르면 이곳은 마한의 옛터로 이미 부족

어머니의 기원이 담긴 부뚜막 위의 정화수

초가는 사람들와 함께 사는 신들의 거처였다. 대문신, 측간신, 성주신, 철륭신,
터주신, 업신 등 모두가 저마다의 영역을 차지하고 신성을 발휘하며 헝클어진 삶을
질서정연하게 관장하였다. 부뚜막에 올라 앉은 조왕신은 맑고 맑은 한 그릇의 물,
불의 위험을 다스리는 신이자 집안 사람의 건강과 수명을 보장하는 신이었다.

국가 시기에 고을이 형성된 것으로 나와 있다. 마을 입구에는 이러한 사실을 입증하는 여러 기의 고인돌들이 산재해 있다.

백제 시절에는 파지성(波知城)이라 불렸고 낙안(樂安)이란 지명은 고려시대 때 붙여진 것이다. 조선시대에는 낙안군이 되어 주변의 여러 고을을 거느린 행정의 중심지이자 남해안을 지키던 군사적 요충이 되기도 했다. 그러나 일제의 행정구역 개편으로 낙안군이 폐지되자 순천군, 승주군을 거쳐 현재는 순천시에 편입되어 있다.

편리한 교통의 길목을 찾아 새로운 도시가 성장하면서 그 옛날 낙안 고을의 명성은 찾기 힘들다. 다만 옛모습을 지키고 있는 성곽과 누각 객사 향교 등만이 옛 시절의 영화를 쓸쓸하게 전해준다.

낙안읍성은 해발 660미터의 금전산을 뒤로 하고 정방형의 울타리처럼 마을을 둘러싸고 있는 형국이다. 높이 4미터, 길이는 1407미터에 이르는 거대한 석성으로 일대 장관을 이루고 있다. 처음에는 토성이었으나 1626년(인조 4년) 임경업 장군이 낙안군수로 부임해와 석성으로 바꾸었다. 임경업 장군이 왜구의 침입을 막아낼 궁리를 하다가 금전산에 올라 긴 칼로 바위를 내리쳐 하룻밤 사이에 쌓았다는 신비로운 전설이 전해지기도 한다.

낙안읍성 마을은 1983년 문공부로부터 옛성터가 사적지로 지정되고 민속마을로 복원되기 시작했다. 그때까지만 해도 이 마을은 여느 마을들처럼 새마을 사업의 열풍이 스치고 지나가 대부분이 지붕개량을 마친 상태였다. 사적지로 지정되고 전통마을을 보존하기 위해 부랴부랴 초가지붕을 다시 얹어 민속과 민풍이 살아 있는 민속마을로 다시 태어난 것이다.

그러나 이 마을은 인위적으로 조성한 민속촌이라기보다 원형을 있는 그대로 복원시킨 옛마을에 가깝다. 아직도 가난한 농민들이 생업을 꾸려 나가는 농가로서의 모습이 고스란히 살아 있어 풋풋한 정취를 느낄 수 있다.

마을의 골목길을 거닐다 보면 아낙들이 푸성귀를 씻어 찬을 준비하는 모습과 쉽게 만난다. 물론 방금 들일을 마치고 돌아왔으리라. 외양간에서는 느긋하게 되새김질을 하는 황소의 표정도 한없이 여유롭고 나지막한 돌담길을 돌아가면 옹기종기 앉아 있는 장독대 텃밭에는 유채꽃이며 상추 쑥갓 등이 소담하게 자라고 있다. 이 모든 풍경들이 우리의 마음속에 그리움으로 남아 있는 고향의 모습이 아니던가.

'나의 살던 고향은 꽃피는 산골'이라는 노래말처럼 봄이면 복사꽃 살구꽃이 흐드러지는 초가마을. 마치 세월을 거슬러 오르는 열차를 타고 조선시대쯤으로 되돌아 온 듯 싶은데, 거기에는 우리가 잃어버린 유년시절의 풍경 또한 고스란히 살아 있다.

댓돌 위에는 검정 고무신 한 짝이 아무렇게나 나뒹굴고, 바둑이나 누렁이 같은 똥개들이 사립문을 지키는 날. 우리의 아이들은 기저귀천에 너나없이 허리가 동여매졌다. 들에 나간 어머니가 돌아올 때까지 눈물 콧물이 뒤범벅이 된 채 울다가 지치기를 몇 번, 이내 초가집에서 잠이 들곤 했다. 배앓이를 할 때면 우물에서 한 바가지의 물을 퍼와 지붕에 뿌리고 묵은 볏짚을 타고 내리는 그 지시럭물을 받아 마셨다. 어찌 그뿐이랴. 한겨울 드난살이의 북풍한설도 장작불로 데워진 구들장이면 노긋노긋하기만 했으니, 추억이란 늘 이렇게 아름다운 것일까. 옛마을을 기웃거리는 나그네의 발길에도 어느새 추억의 영상들이 한장 두장 되살아난다.

뒷동산의 모습을 자식처럼 빼어 닮은 초가지붕의 선

비바람에 몸을 낮춘 세월이 쌓여 자연을 닮아 있는 집, 앞마당 한켠에는 감나무가 서 있고, 뒷마당 양지녘엔 장독대가 앉아 있다. 흙에서 나서 흙으로 돌아가는 사람들의 집, 그곳에는 대가족의 식솔들이 오순도순 살았던 따뜻한 추억이 한뼘 두뼘 자라고 있다.

읍성 안에 자리잡고 있는 초가마을은 동내리 남내리 서내리 세 동네로 구성되어 있다. 현재 108세대 279명이 살고 있으며 대부분이 농업에 종사하고 있다. 옹기종기 들어 앉은 이 마을의 초가집들은 모두 78동에 이르고, 이 중에서 중요민속자료로 지정된 곳이 9동. 그러나 문화재로 지정되지 않았다 해도 모두가 남도사람들이 살아온 전형적인 민가의 원형을 잘 보여주고 있다. 지난 시절 서민들이 살았던 살림집 문화의 보고인 셈이다.

이곳 초가집들은 크게 두 종류로 나뉜다. 하나는 나무로 기둥을 세운 다음 벽체는 대나무로 엮어 토벽으로 하여 지붕을 올리는 뼈대집과 다른 하나는 앞쪽을 제외한 세 면을 블록처럼 찍어 만든 흙담으로 쌓고 지붕을 올리는 담집이다. 뼈대집은 경제력이 있는 부자들의 살림집이었다면 담집은 이보다 훨씬 가난한 서민들의 주거였다. 같은 초가집이라도 건축 방식에 따라 이렇게 다양한 삶의 표정을 간직하고 있다.

그렇지만 초가집의 둥근 곡선은 두루뭉실하게 서로가 서로를 껴안고 있다. 지붕선들이 만들어낸 유연한 곡선의 조화는 낙안마을이 간직한 아름다움이기도 하다. 골목 밖에서 보아도, 집안의 툇마루에 앉아 보아도 두루뭉실한 초가집의 선들은 겹겹이 무리를 이루고 있다. 그 모습은 어김없이 마을을 둘러싸고 있는 산의 모습과 닮아 있다.

지붕뿐만이 아니다. 마루 밑의 댓돌에 이르기까지 각지고 모난 것은 좀체 찾아볼 수가 없다. 기둥이며 문틀이며 벽체들이 언뜻 보면 반듯하게 각이 져 있는 것 같아도 조금만 들여다보면 그렇지 않다. 크든 작든 모서리마다 부드러운 곡선이 살아있다.

그 둥글둥글한 선들을 바라보고 있으면 산과 산 사이에 또 다른 작은

댓돌 위에 놓인 고무신 두 켤레

초가집은 팔 베고 누워서 바람을 즐기고 달을 희롱하는 그런 이들의 집이 아니다.
"댓돌이란 것도 웃는 낯짝이 있어야 써. 그래사제 사람들이 나설 때나 들어설 때 맴이
좋아지는 법이제" 오지랖이 깊은 처마 밑에는 세상살이의 온갖 표정들이 알뜰살뜰
간직되어 있다.

산과 같은 집을 짓고 살았다는 표현이 실감난다. 우리네는 이렇듯 둥근 마음으로 집을 짓고, 손수 지은 그 집에서 산봉우리처럼 넉넉하고 어진 마음을 배우며 살고자 했던 것은 아니었을까.

달처럼 환하고 둥근 마음, 중요민속자료 95호로 지정된 초가집에서 6대째 살아오고 있다는 김대자 씨. 자신의 집 중지방에 놓여진 댓돌을 보며 던지는 한마디에 나그네의 귀가 맑아진다.

"댓돌이란 것도 웃는 낯짝이 있어야 써. 그래사제 사람들이 나설 때나 들어설 때 신발을 신으면서 맴이 좋아지는 법이제"

❧

전남 순천시 낙안면 낙안읍성 내에 있다. 광주에서 남해고속도로를 타고 순천 방면으로 가다 선암사인터체인지로 진입, 벌교로 가는 857번 지방도로를 달리면 낙안읍성 마을 입구에 이른다. 낙안읍성 관리사무소(0661-54-6632)

산도 물도 사람들의 속내도 푸르다

섬진강을 따라가는 길은 아직 때묻지 않은 새벽빛이다. 순창에서 곡성, 구례를 거쳐 지리산 자락의 수많은 동네들을 휘돌아 가는 강, 섬진강. 우리나라에서 가장 아름다운 길의 서정을 보여 준다. 아침 안개가 피어오르거나 손톱 끝에 물들인 봉숭아 빛깔 같은 노을이 잦아들 때면 누구나 한번쯤은 이 강변에서 시인이 되어 보았으리라. 산빛도 푸르고 물빛도 푸르다. 그 강물에 속살을 적시며 살아온 사람들의 속내까지 푸르기만 한 곳. 발길을 멈추고 물굽이를 내려다보면 거기 물푸레나무처럼 옹이진 지리산의 세월이 흐르고 있다.

전북 진안군 백운면 봉황산 데미샘에서 발원하여 총 길이 212킬로미터를 흘러 남해 바다로 빠져드는 이 강은 노령산맥의 여러 산줄기를 따라 흐르기 때문에 남한에서 유일하게 살아 있는 강으로 꼽힌다. 오원강 운암강 적성강 순자강 압록강 잔수강 악양강 하동강 등 넘나드는 마을에 따라 그 이름도 다양하고 모래무지 은어 눈치 왕둥어 뎅미리 빠가사리 쏘가리 꺽저기 등 토종 물고기의 둘도 없는 서식처다.

본래 이름은 모래사장이 눈부시게 희다 하여 다사강(多沙江) 대사강(帶沙江) 등으로 불렸으나, 고려 말 왜구들이 강 하구에 출몰했을 때 수

토지의 무대 평사리를 굽이쳐 흐르는 섬진강 물줄기

간이역 정거장에서 자식을 떠나 보내는 시골 아낙의 글썽이는 눈매 같은 강줄기,
소월의 시에 나오는 개여울처럼 그렇게 수줍기만 하던 여울이 그래도 가슴 일렁이는
강의 풍경을 보여 주는 곳은 경상도와 전라도가 만난다는 화개나루에 이르러서다.
5백 리를 숨죽여 흘러 온 삶의 내력이 동편소리 한 대목처럼 유장하게 살아나 지리산
그림자를 토해 내기 시작한다.

백 마리의 두꺼비 떼가 울부짖어 왜구를 물리쳤다 하여 두꺼비 섬(蟾)자를 붙여 섬진강(蟾津江)이라 부르는 강.

구한말까지만 해도 황포돛배가 오르내리던 강길은 상류에 댐들이 들어서자 쪽배 하나 띄우기가 변변찮게 되었다. 그 옛날 백제의 영토였을 때 멀리 왜국의 사신들이 무역선을 타고 남원까지 거슬러 올라왔다는 기록은 모두 꿈 같은 이야기다.

간이역 정거장에서 자식을 떠나 보내는 시골 아낙의 글썽이는 눈매 같은 강줄기, 소월의 시에 나오는 개여울처럼 그렇게 수줍기만 하던 여울이 그래도 가슴 일렁이는 강의 풍경을 보여 주는 곳은 경상도와 전라도가 만난다는 화개나루에 이르러서다. 5백 리를 숨죽여 흘러 온 삶의 내력이 동편소리 한 대목처럼 유장하게 살아나 지리산 그림자를 토해 내기 시작한다.

박경리의 소설 『토지』는 바로 저 강물처럼 마침내 거대한 물줄기를 이뤄 낸 이 땅에 살아 온 사람들의 이야기다. 수많은 실개천이 모여서 도도한 섬진강의 역사를 이루어냈듯 들풀 같은 사람들의 생애가 장강대하처럼 굽이치고 있다.

섬진강가의 만석꾼 대지주 최참판 댁의 몰락으로 시작되는 암울한 시대의 예감은 한 집안의 비극적인 가족사를 통해 구한말에서 8 · 15 해방에 이르기까지 민족의 수난사를 증언해낸다.

원고지 4만 장에 이르는 방대한 분량과 2백여 명이 넘는 등장인물이 제각기 독특한 개성을 지닌 채 살아 움직이는 대하드라마 토지. 어떤 이는 거대한 중화학 공장 몇 백 개보다도 더 큰 민족적 자산이라고 평가하기도 했던 소설.

한 작가의 영광이라기보다 우리 민족의 자랑으로 기억될 토지의 첫 무대가 된 곳은 경남 하동군 악양면 평사리이다. 섬진강이 하동포구와 만나면서 가랑잎처럼 둥글게 빚어 놓은 평야 지대의 작은 마을이다.

지리산 신선봉 자락에서 악양 들판과 유유히 흘러가는 섬진강의 물굽이를 거울처럼 들여다보고 있다. 소설 토지의 무대로 알려지고 TV 드라마 토지의 촬영장소로 시청자들을 사로잡은 이 마을은 오붓한 여로를 찾는 길손들에게 마음속의 고향처럼 다정하다. 이름난 관광지나 유적지에서 느낄 수 없는 풋풋한 사람냄새와 향수를 간직하고 있기 때문이다.

그러나 작가는 실제 토지를 집필하는 동안 이곳 평사리를 답사하거나 취재한 적이 없다고 한다. 다만 1960년대 말 토지를 마음속으로 구상하고 있을 때 불화를 전공하는 딸의 탱화 자료수집 여행에 동행, 쌍계사 일대를 둘러 보았고 그때 악양 들판과 평사리를 발견하고 토지의 무대로 낙점했다는 이야기이다.

"평사리를 감싸안은 지리산과 섬진강이 지닌 역사적 자취, 경상도 땅에선 좀체 찾아 보기 힘든 넓은 들녘이 구상중인 토지의 배경에 더없이 어울려 보였다"고 작가는 털어 놓았다.

그래서 이곳을 찾아와 평사리 최참판 댁을 찾는 독자들은 저으기 실망감을 감추지 못한다. 역사 속에서 실재했던 일들을 생생한 현실로 느끼고 싶었던 기대는 무너지고 만다. 하지만 드라마 속의 낯익은 영상으로 남아 있는 돌담길을 돌아 임이네와 용이가 아득바득 살아가던 오두막집에 당도하면 윤씨 부인과 구천이, 서희와 길상이, 봉순이, 월선이……소설속의 인물들이 수심 깊은 얼굴을 내밀 듯 생생해진다.

마을 사람들은 먼길을 찾아 온 나그네의 노독을 달래주듯 평사리에 최

토지의 최참판 댁에 겨룰만한 조부잣집의 안채

한때 조부잣집 땅을 밟지 않고서는 하동 땅을 벗어날 수 없다는 말이 있을 정도로
큰 부자였던 조부자. 그러나 여섯 아들이 하나같이 둘째가라면 서러워할 난봉꾼인
탓에 그 많던 재산을 모두 탕진해 버렸다고 한다. 귀목나무로 도리기둥을 한 집들이
무려 7채나 연이어져 장엄했던 기와집은 지금 안채와 서행랑채만 쓸쓸하게 남아 있다.

참판 댁은 없지만 그 집과 겨룰 만한 조부잣집은 있다고 알려준다.

조부잣집은 평사리 바로 윗마을인 정서리 상신마을에 위치해 있다. 구한말 서울 당주동의 큰 부자였던 조부자가 섬진강 일대의 토지를 사들이면서 16년에 걸쳐 완성한 대저택이라고 한다.

귀목나무로 도리기둥을 한 집들이 무려 7채나 연이어져 장엄한 기와집골을 이루었다고 한다. 지금은 몸채와 서행랑채, 무너져 버린 연못터만이 쓸쓸하게 남아 있다. 몰락해 버린 집안의 내력은 쑥대밭 속에나 묻혀 있는 것일까.

한때 조부잣집 땅을 밟지 않고서는 하동 땅을 벗어날 수 없다는 말이 있을 정도로 큰 부자였던 조부자. 그러나 여섯 아들이 하나 같이 둘째가라면 서러워할 난봉꾼인 탓에 그 많던 재산을 모두 탕진해 버렸다고 한다.

정서리에서 조약방을 운영하고 있는 조부자의 손자 조한철 씨는 8천 섬이 넘었다는 선대의 재산을 지키지 못한 아버님 형제들이 한없이 원망스럽다며 '속빈 부자 3대를 넘기지 못한다'는 말을 되뇌이며 허전한 웃음을 짓는다.

최참판 댁과 같은 고대광실 기와집은 만날 수가 없지만 평사리에는 애정어린 눈길을 주어야 할 지난 시절의 유산들이 많다. 돌담길, 큰샘물, 공루, 당산나무 그리고 할아버지 할머니의 구수한 입담…… 살아 있는 그대로 우리네 삶의 원형질을 느끼게 하는 것들이다. 오히려 무슨 무슨 보물이나 민속자료라 불리우는 감투들이 구차스럽기만 하다.

마을의 고샅길을 미로처럼 연결해 주는 돌담길은 꼬두발을 딛지 않아도 이웃의 속내까지 훤히 들여다 보이게 한다. 오늘날 우리에게 익숙해진 싸늘한 담벼락에 비하면 할머니의 눈웃음처럼 정겨운 울타리 문화의 아름다움을 보여 준다.

아직도 윤기가 흐르는 석간수를 콸콸 쏟아내는 큰샘물은 마을 한가운데에 위치한 공동 우물이다. 상수도가 놓이면서 대부분의 마을 우물이 이끼투성이로 변해 버렸지만 평사리 큰샘물은 탄성이 나올 만큼 깨끗하다. 평사리가 지켜 온 오랜 금기와 신성이 살아 있음이다.

언제부터인지는 모르지만 평사리에서는 마을의 아낙과 남정네가 남몰래 배를 맞추는 불륜을 저지르면 그 징벌로 큰샘물에 금줄을 치고 짚더미로 우물을 폐쇄시켜 석달 열흘 동안 샘물을 마시지 못하게 했다. 공동체의 생명의 원천인 샘물을 막아버림으로써 마을 사람 모두가 그 벌을 감내해야 했고 결국은 큰샘물의 위대한 정화력으로 다시 태어난다고 믿었던 것이다.

또 하나 평사리 집집마다 설치되어 있는 공루라는 구조물은 운치 있는 서민 건축의 백미 중의 하나이다. 부잣집 사랑채에 달린 누마루를 흉내 내 허름한 문간채에 가설한 2층 누각인데 여름철 농군들의 피서지로는 그만이다.

지금은 이농현상으로 대부분의 공루가 창고처럼 버려져 있지만 임씨 할머니 공루만은 아직도 마룻장이 번들거리는 윤기를 간직하고 있다. 평사리 할머니들이 여름 한철을 보내는 별장이기 때문이다.

"옛날 시상에는 공루에 여자들은 얼씬도 못 했어. 남자들 차지였제. 그런디 이제는 우리가 차지해 부렀어. 영감들은 저 아래 당산나무로 쫓겨났제."

마을로 올라 가는 산비탈에 우람한 모습으로 있는 당산나무도 그 위치

임씨 할머니네 공루에 올라서 바라본 악양들판

평사리 집집마다 설치되어 있는 공루라는 구조물은 운치 있는 서민 건축의 백미 중의 하나이다. 부잣집 사랑채에 달린 누마루를 흉내내 허름한 문간채에 가설한 2층 누각인데 여름철 농군들의 피서지로는 그만이다.

가 공루 못지 않게 시원스런 풍경을 굽어보고 있다. 그늘도 깊고 푸르다. 여름 한철 보내기에는 더할 나위없이 좋은 곳인데 정월 대보름이면 평사리에서 가장 오랜 생명을 지닌 성수(聖樹)로서 제사밥을 얻어 먹는다.

당산나무 그늘에 앉아 내려다 보는 악양평야와 섬진강은 더없이 풍요로운 정경이다. 그 풍경을 내려다 보면서 좌장격인 어른 한 분이 "평사리 백사장에 기러기 떼가 내려 앉은 평사낙안(平沙落雁)의 땅"이라고 말씀하신다. 먼 하늘을 날아온 기러기 떼가 날개를 접으며 사뿐이 내려 앉는 평사리는 그런 평화로운 세월을 꿈꾸는 마을이었다.

경남 하동군 악양면 평사리에 있다. 하동읍에서 19번 국도를 따라 8킬로미터쯤 구례방면으로 가면 오른쪽으로 악양가는 길이 나오고 1.3킬로미터쯤 가면 평사리 입구이다. 조부잣집은 악양면 정동리 상신마을에 있다. 하동군청 관광과(0595-883-9101)

봉창문으로 바람만 지나고 사람이 없다

부안 우동리

지치고 쓸쓸한 날에 찾고 싶은 곳은 변산이다. 사무치도록 가슴 저미는 서해 바다의 낙조가 떨어지고 저무는 마을 길을 따라 돌아오면 전설 같은 옛 이야기가 살아 있는 곳, 국토의 가장 후미진 서쪽 끝에 자리잡고 있으며 후미진 만큼 대지의 숨결이 살아 있는 곳이다.

변산은 한반도에서 유일하게 지평선이 보인다는 김제·만경 평야를 지나 배꼽 아래 은밀하게 솟아오른 남정네 물건의 형상처럼 반도를 이룬 곳이다. 바다는 바다대로 산은 산대로 제나름의 개성을 드러내 언제나 나그네를 새로운 감성으로 들뜨게 해준다.

그 변산반도의 한 모퉁이에 '우바이'라는 마을이 있다. 행정 지명으로는 전라북도 부안군 보안면 우동리이지만 옛이름은 '어리석을 우(愚)' 자와 '반석 반(盤)' 자를 써서 우반동이라 부르기도 했다.

일제 때 총독부 놈들이 우반동의 한자가 어려워 '소 우(牛)'에 '동녘 동(東)' 자를 넣어 제멋대로 바꾸었다고 하는데 그래도 마을 사람들은 여지껏 옛이름 우반동의 변음인 '우바이'라고 부른다. 원래 우반이란 지명은 이운이라는 중국 선비가 은둔했던 곳으로 우반동이 있었다. 그 중국 땅의 우반동 못지 않게 은둔 처사의 땅으로 꼽힐만 하다 하여 붙여진 것이다.

조선 초기 태종 때 정승을 지낸 유관 선생이 사패지로 이 땅을 하사받아 유씨들의 터가 되었으며 그의 9대손 유형원이 병자호란으로 어지러운 세상을 등지고 잠시 이곳에 은거하기도 했다.

유형원의 호가 반계(盤溪)인 것은 우반동의 시냇가에 살고 있다는 뜻으로 지어졌으며 실학 사상의 뿌리가 되는 『반계수록』도 이곳에서 씌여졌다.

반계 선생이 말년에 한양으로 돌아간 후 유씨들의 세도가 미미해지자 줄포에 세거하였던 부안 김씨가 이 땅의 생리를 보고 들어왔으며 지금은 부안 김씨의 집성촌으로 13대째를 이어오고 있다.

뒷산에 부처 바위가 있다 하여 감불, 우바이에서 새로 생긴 마을이라 하여 우신, 말 형국의 산 아래 마을이라 하여 마하동에서 변이된 만화동, 그리고 원우동 이렇게 네 무더기의 자연 부락이 우동리를 형성하고 있다. 1970년대만 해도 150여 호에 이르던 그 많던 집들이 지금은 그 수가 반으로 줄어들어 80여 호에 지나지 않는다.

마을에 들어서면 아늑하게 터를 이룬 들판 너머로 노승봉, 남대봉, 달봉대산, 매봉, 천마산 등이 팔을 벌리듯 감싸안고 있다. 마치 커다란 항아리 속에 들어앉은 것처럼 포근한 느낌이다.

『홍길동전』을 쓴 허균도 이곳을 지나다가 "늙으면 저 마을에 살다가 뼈를 묻고 싶다"고 했다는 말이 전해올 정도로 우동리는 첫눈에 사람을 끌어당기는 정겨움이 있다. 그 기름진 땅의 역사를 증언이라도 하듯 만화동 초입에는 앉은뱅이처럼 주저앉은 고인돌이 있고 우동리 마을 앞에는 우람한 당산나무가 서 있다. 고인돌은 선사시대부터 이 땅에 사람들

흰 눈을 뒤집어 쓰고 마을을 지키는 우동리 당산나무

지치고 쓸쓸한 날에 찾고 싶은 곳, 변산이다. 사무치도록 가슴 저미는 서해 바다의
낙조가 떨어지고 저무는 마을 길을 따라 돌아오면 전설 같은 옛이야기가 살아 있는 곳,
국토의 가장 후미진 서쪽 끝에 자리잡고 있으며 후미진 만큼 대지의 숨결이 살아 있는
곳이다.

의 역사가 이루어져 왔음을 말해주고, 당산나무는 그 역사의 씩씩했던 세월을 증언하고 있다.

우동리는 풍수지리상 떠나가는 배 형국이라고 한다. 들판의 한복판에 터를 이루었고 당산나무가 돛대처럼 중심을 잡아주고 있다. 마을 사람들은 험난했던 세월의 파도를 이 나무와 함께 헤치며 살아왔다.

"저 당산나무가 신령인갑디다. 마을에 흉사가 생기면 꿈에 저 할머니가 선몽한당게. '왜 나를 위하지 않고 그렇게 건방들 떠느냐 그래' 그래서 마을 사람들이 모두 일심동체가 되야 갖고 굿도 걸판지게 치고 당산제를 정성스럽게 모시면 그 해는 거짓말같이 우순풍조한당게."

눈길에서 허리를 삐끗하여 읍내 보건소에서 주사를 맞고 온다는 이성춘 할아버지가 당산나무 아래에서 들려준 이야기이다. 대지에 깊이깊이 뿌리를 내리고 당당하게 하늘을 떠받치고 있는 그 모습에서 사람들은 일찍이 신령스러운 기운을 발견하였던 모양이다.

마을의 내력을 캐묻자 우동리는 사대문 자리가 있다고 한다. 산들이 성곽처럼 둘러싸지만 동쪽으로는 감불재, 서쪽으로는 동령치, 남쪽으로는 당재, 북쪽으로는 바디재가 열려 서울처럼 사대문이 있는 명당이라는 이야기다. 그리고 더 깊은 역사를 알려면 김종규 씨를 찾아가 물으라고 했다. 부안군에서는 알아주는 문장이고 명필이라 했다.

푸른 밭에서 일하며 사노라는 뜻으로 창전(蒼田)이라 호를 지은 김종규 씨는 스스로를 "농사에 반거치 글에는 반푼수"라고 표현했다.

문장은 무슨 문장이냐며 남의 집 비문(碑文)이나 조금씩 써준다고 손을 저었다. 그러나 이름 없는 농사꾼의 솜씨라기보다 옛 선비의 풍모를 간직하고 있다. 시렁 위에 가지런히 놓여진 옛 문집들과 한지 위에 써 내려가는 비문이 이를 말해준다.

"옛날 같으면 사랑방에 노골노골하게 장작불 고아 놓고 밤이나 낮이나 이야기 손님이 끊이질 않았을 텐데, 지금은 그런 사랑방들이 없어졌어. 논다면 가겟방에 가서 화투나 치지, 그도 사람이 있어야제. 나는 화투 칠 줄도 모르고 그런데 가야 통 재미가 없어서 이 방에서 글씨나 쓰고 앉아 있소."

김종규 씨는 대대로 문장이 끊이지 않은 집안에서 자라 여덟 살 때부터 동네 서당에서 『천자문』과 『동몽선습』을 읽었다고 한다. 열아홉 살에는 부안 옹정에 계시는 우당 김병재 선생님의 문하에서 사서삼경을 읽었는데 그때 『맹자』 일곱 권을 줄줄 외우고 다녔다고 한다.

그후 6·25 난리가 터지고 흉년이 들고 군대를 다녀오고 결혼하여 집안 살림을 돌보느라 더이상 배움을 연장하지 못했다. 그래서 배웠던 만큼만 더 배웠으면 하는 회한이 남아 있지만 그것도 자신의 팔자거니 생각한다.

젊은 시절 읽었던 책들을 다시 꺼내 읽으면 새삼 스승에 대한 생각이 간절하다고. 스승이던 우당 선생은 호남의 마지막 선비라고 일컬어지는 간재 전우 선생의 학풍을 이었던 분이다. 스승께선 당시 모두가 변절해 침묵하거나 왜놈들의 앞잡이가 되자 자신만은 홀로 내 길을 가겠다고 하여 호를 독왕재(獨往齋)라 했다. 그 '홀로 가는 집' 독왕재에서 선생님을 받들며 공부하던 때가 김종규 씨의 인생에서는 가장 황금기였다.

주경야독이라는 그런 훈훈한 농사꾼의 숨결이 배인 김종규 씨의 집 툇마루 위에는 화기지실(華氣之室)이란 편액이 걸려 있다. '빛나는 기운은 스스로 군자의 집에서 나온다'는 옛 성현의 말씀에서 따온 것이란다. 김

길손에게 동치미를 대접하기 위해 장독대에 나선 이모일 할머니

사람이 없어 심심하구먼. 남자도 없고 여자도 없고 사람이 없어. 이렇게 봉창문으로
내다보면 바람만 핑핑 지나다니제 사람이 없당게. 시한에는 어찌나 밤이 질던지
누웠다가 앉았다가 불을 켰다 시계를 봤다. 저기 저 시계 없으면 더 갑갑해. 이제
몇 시 되었다. 몇 시 되면 날 새겠다. 몇 시 되면 밥때 되겠다. 이렇게 산당게.

종규 씨의 좌우명이자 자신이 가꾸어 온 인생의 향기가 담긴 글이다.

그이는 이 집에서 다른 것은 몰라도 부모 봉양만은 소홀히 한 적이 없었다. 지금도 안방을 노모가 쓰시게 하고 자신들은 건너편 작은방에 거처를 두고 있다. 그 대물림으로 자식들 또한 모두가 효성스럽기로 소문이 자자하다. 초가삼간에 양친부모 모셔 두고 오순도순 살아보겠다는 옛사람의 행복을 보는 듯하다.

김종규 씨 부부와 모친 이모일 할머니가 살아가는 모습은 마을 앞을 지키는 당산나무처럼 그렇게 든든하고 넉넉해 보일 수가 없다. 방 안에서 이야기를 나누는 사이 며느리와 시어머니 사이의 정이 어느새 하얀 눈이 쌓인 장독대처럼 다정하게 느껴져 길손의 마음까지 훈훈해진다.

할머니는 고무줄로 묶은 돋보기를 쓰시고 헤질 대로 헤진 언문 소설책을 읽고 계셨다.

"내가 시집 오기 전 크내기 때 열댓살 묵어서 베껴온 것인디 시방으로 하면 옛날 연애편집디다."

매화 낭자와 양유라는 선비가 모진 고난 끝에 혼인하여 행복하게 살았다는 구한말에 유행했던 필사본 소설책이다. 나이가 들수록 잠도 없어지고 말벗할 친구도 없어 시집올 때 반짇고리에 넣어 둔 이야기 책을 수백 번도 더 읽는다는 것이다.

"사람이 없어 심심하구먼. 남자도 없고 여자도 없고 사람이 없어. 이렇게 봉창문으로 내다보면 바람만 핑핑 지나다니제 사람이 없당게. 시한에는 어찌나 밤이 질던지 누웠다가 앉았다가 불을 켰다 시계를 봤다, 저기 저 시계 없으면 더 갑갑해. 이제 몇 시 되었다, 몇 시 되면 날 새겄다. 몇 시 되면 밥때 되겄다. 이렇게 산당게."

어쩜 고향에 계시는 모든 노친들의 삶이 이러하지는 않을까. 배고품과 가난 속에서 한평생을 살다 그 인생을 모두 자식들에게 바치고 이제는 빈 껍데기처럼 남아 있는 사람들 ……

가는 귀가 먹어 몇 번이고 다그쳐 묻는 할머니는 낯선 손님일망정 젊은이를 만나 반갑다며 속내 깊은 이야기를 허물없이 털어 놓는다.

"어디 귀 터지는 약 없습디요. 병원에 가서 귀 터지는 약 좀 주라고 항께 웃드만. 코 안 아픈 약, 눈 안 아픈 약 다 있는데 으째 귀 터지는 약이 없으까잉."

당산나무에 반해 찾아간 우동리의 겨울은 이렇듯 쓸쓸하고도 또한 정겨웠다. 진눈깨비가 몰아치는 동구 밖을 나서도록 가슴 저 밑바닥에서 끝모를 향수가 파문을 일으켰고, 떠나는 우리에게 보내 준 할머니의 인사가 오래도록 귓전에서 맴돌았다.

"안 죽고 살믄 또 만납시다, 잉."

❦

전북 부안군 부안면 우동리에 있다. 부안읍에서 고창 방면으로 가는 23번 국도를 따라가다 영전에서 30번 국도로 옮겨 내소사쪽으로 2킬로미터쯤 가면 우동리 입구에 이른다. 부안군청 관광과(0683-580-4449)

내 정은 청산이요 님의 정은 녹수로구나

남도의 길은 멀고도 멀다. 흙먼지 날리는 길을 터벅터벅 걷다 보면 고개가 나오고 다시 고개를 넘으면 가느다란 논둑길이다. 그리고 논둑길이 끝나는 곳엔 어김없이 탱자나무 울타리를 황소의 코뚜레처럼 두르고 사는 마을이 있다.

그래서 남도의 마을은 아무리 궁벽하고 가난한 마을일지라도 포근하기 마련이다. 더욱이 마을 뒤편에 지치지 않는 싱그러움으로 출렁이는 대숲이라도 펼쳐져 있다면 누구나 몸을 부려 쉬고 싶은 향수에 젖게 된다.

하루나 이틀, 옛추억의 오솔길을 따라서 이들 남도의 마을을 떠돌다 보면 그곳에서 우리는 수많은 사연들과 마주하게 된다. 이 땅을 스쳐간 역사의 소용돌이를 마을은 온몸으로 감내하며 살아왔고 들녘 사람들의 이야기가 풀 한 포기 돌멩이 하나에도 스며 있기 때문이다.

전라남도 보성읍에서 동쪽으로 십 리쯤 기러기재를 넘어가면 득량면이 나온다. 득량(得糧)이란 양식을 얻는다는 지명이다. 신통하게도 일제 때 득량만 방조제가 생기면서 그 넓은 갯벌이 황금 들판으로 변해 말 그대로 양식 걱정은 면하게 된 곳이다. 그렇지만 이 풍요롭고 평화로워 보

우직스런 표정으로 서 있는 할아버지 장승

그 외로운 세월을 다 지켜보고 살아온 것이 마을 지킴이들이다. 비바람이 치고
눈보라가 휩쓸고 역사의 소용돌이가 으르렁거리고 지나도 묵묵히 동네 어귀를
지키며 풍찬노숙하며 서 있는 장승, 바로 지난 시절 남도의 마을을 지키던
수호신이었다.

이는 들녘 사람들의 가슴에는 갯흙처럼 시커멓게 타버린 세월이 묻혀 있다.

득량에서 고개 하나를 더 넘으면 벌교 땅이고 산자락과 들판은 연이어 순천과 여수 땅으로 이어진다. '여순반란사건'이라는 현대사의 앙금이 휘몰아쳐 갔던 곳이 바로 이 땅이다.

그 시절 밤이슬을 맞으며 산으로 갔던 사람들은 제삿날의 슬픈 향불처럼 사라져 갔고, 청년단에 불려가 기러기재를 지키며 전봇대 밑에서 밤새 풀여치처럼 떨었던 소년은 어느덧 칠십 안팎의 노인이 되어 있다. 당산나무 가지에 잎이 지고 다시 새잎이 돋아나듯이 그렇게 세월은 무정하게 흘러간 것이다.

그러나 마을은 역사의 현장이되 역사가 없다. 모두들 전설 같은 저 먼 세월을 고갯짓할 뿐 실낱 같은 기록 한 점이 남아 있지 않다. 바람 부는 야지(野地)에서 들풀처럼 살아온 사람들의 이야기가 그저 짚더미처럼 쌓여져 있을 뿐이다.

그 외로운 세월을 다 지켜보고 살아온 것이 마을 지킴이들이다. 비바람이 치고 눈보라가 휩쓸고 역사의 소용돌이가 으르렁거리고 지나도 묵묵히 동네 어귀를 지키며 풍찬노숙하며 서 있는 장승, 바로 지난 시절 남도의 마을을 지키던 수호신이었다.

부릅뜬 두 눈으로 낯선 침입자를 막아 주고 순박한 미소로는 마을 사람들의 시름을 다 들어주는 그런 존재, 그러면서도 이들의 이름은 거룩하지가 않다. 뼈를 주고 살을 준 할아버지 할머니처럼 그저 그렇게 다정하다. 아니 어쩜 할아버지, 할머니들께서 이 세상을 하직하고서도 자기가 살던 땅을 차마 못 잊어 저렇게 넋이나마 서 있는지 모르겠다.

득량면 해평리 조양부락을 지키고 있는 돌장승의 모습은 금방이라도 웃음이 튀어나올 것만 같다. 할아버지는 어딘지 모르게 심통이 가득 났고 할머니는 이를 외면하려는 듯 꺼벙하게 먼 산만 바라보고 있다.

얼굴에는 온갖 세월의 풍상을 겪고 난 후의 회한, 어린 아이 표정 같은 천진스러움이 배어 있다. 어쩜 한바탕 부부싸움이라도 치르고 난 심사일까, 보면 볼수록 재미있는 이야기가 생각날 것 같다.

할아버지는 아직도 분이 풀리지 않았는지 눈알을 부라리며 다시 한번 윽박지를 기세지만 할머니는 입술을 옴싹거리며 못마땅한 듯 푸념을 늘어놓고 있다. 무슨 일로 싸웠을까, 사랑 싸움은 분명 아닐 테고 대처로 나간 자식들이 또 말썽을 피운 모양이다. 그랬을 때 성화는 늘 우리네 조선 어머니들의 몫이어서 할머니 장승은 한없이 애처로운 표정이다.

마을 사람들의 해석 또한 일품이다. 밥상이 날아다닌 싸움이라서 할아버지는 턱이 찢어졌고 할머니는 왼쪽 눈알이 깨졌다는 것이다. 그러나 다시 보면 언제 싸웠냐는 듯 금방이라도 '허허' 웃어버릴 것 같은 정겨운 모습이란다. 꼭 남도 사람들이 즐겨 부르는 육자배기의 한 대목처럼 말이다.

내 정은 청산이요 임의 정은 녹수로구나.
녹수야 흐를 망정 청산이야 변할 소냐.
아마도 녹수가 청산을 못 잊어 뱅뱅 감돌아 가는구나

흐르고 변하는 세월에 찌들었을 망정 마음이야 청산처럼 움직이지 않고, 녹수처럼 한결 같으리란 그런 순정 어린 마음이 담겨 있는 얼굴, 어쯤 살아 있는 진정한 우리내 한국인의 얼굴이 아니겠는가.

해평리 조양부락은 본래 보성지방의 세곡을 실어 나르던 해창(海倉)이 있었던 바닷가 마을의 하나였다. 비록 일제시대 때 대규모 간척사업이 이루어져 지금은 예당 쌀로 유명한 평야지대의 한 귀퉁이가 되었지만. 그래서 마을 이름이 해창리였고 텃밭에 개 끓듯이 장사치도 많았다고 한다.

상권이 발달한 갯가라서 건달패들도 많았고, 세미(稅米)를 싣고 오는 사람들에게 텃세가 심해 보성에서도 고약스런 데로 이름이 났다. 군수영감도 말에서 내려 걸어가야 했을 정도였다고 한다. 그래서 '해창리 괴기 장시들'이라는 손가락질도 받았다. 마을 이름을 아침 해가 떠오르는 곳이라는 조양리(朝陽里)로 바꾼 것은 바로 그런 이미지를 개선하기 위해서였다.

텃새가 심했다는 것은 낯선 사람들의 왕래가 빈번한 곳이라는 이야기와 통한다. 그러자니 조상 팔아먹고 사는 반촌(班村)이 아니었기에 마을 사람들의 집단적인 결속력이 강했을 것이다. 이를 입증이라도 하듯 오늘날까지 당산제가 끊이지 않고, 해창리 줄다리기는 인근에서 알아주는 큰 굿판이었다.

마을을 지켜 주는 장승은 원래 오봉산 기슭의 개흥사(開興寺) 입구를 지키던 사찰장승이었다. 개흥사가 그 옛날 언젯적인가 빈대가 들끓어 폐찰이 된 후 해창리 왈패들이 마을로 모셔왔다고 한다. 그래서 이름이 사찰장승에서 흔히 보이는 상원주장군 하원당장군(上元周將軍 下元唐將軍)이다. 상원이란 선녀(仙女), 하원이란 진인(眞人)이란 뜻으로 남자에게 쓰던 존칭이다. 당장군 주장군은 모두 중국의 장군들로 도교에서 숭

온갖 세월의 풍상이 담긴 장승과 할아버지의 표정이 닮아 있다

그 시절 밤이슬을 맞으며 산으로 갔던 사람들은 제삿날의 슬픈
향불처럼 사라져 갔고, 청년단에 불려가 기러기재를 지키며
전봇대 밑에서 밤새 풀여치처럼 떨었던 소년은 어느덧
칠십 안팎의 노인이 되어 있다. 당산나무 가지에 잎이 지고 다시
새 잎이 돋아나듯이 그렇게 세월은 무정하게 흘러간 것이다.

배하는 무장(武將)들이다. 이들 장군 도상은 조선시대 초기 설날이면 관아의 대문에 쇠갑옷을 입은 문배 그림으로 그려져 액을 쫓고 질병을 물리치는 의식에 사용되었다.

장승은 이런 삿된 것을 물리치고 복을 불러들이는 수호신들을 백성들이 수용해 토착신앙과 결합, 마을 지킴이로 만들어 낸 것이다. 이때가 임진왜란과 병자호란을 겪은 후 성리학적 지배질서의 권위가 무너지고 민중들의 주체성이 역사의 수면 위로 떠오를 때다.

장승을 비롯한 솟대, 미륵, 남근석 등 조선 후기 마을공동체 문화는 바로 봉건사회의 모순을 해체하고 보다 인간다운 삶을 향해 나가고자 했던 민중의식의 각성을 보여주는 유산들이다. 무지렁이 민초들이 지배층의 문화와는 다른 성격의 독자적인 문화를 갖게 된다는 것으로 이는 자신들의 인간적인 존재에 대한 당당한 자각 없이는 불가능한 일이다.

그러나 유의해야 할 일은 초기 마을장승은 오늘날 우리가 흔히 만나게 되는 관광지의 험상궂은 모습과는 거리가 멀다는 것이다. 흡혈귀처럼 이빨을 드러낸 심성 사나운 모습은 가장 왜곡된 장승의 이미지다.

장승은 본래 순박하고 친숙한 농민들의 마음과 그들의 얼굴을 담고 있다. 자신들을 지켜주는 것은 나라나 양반이나 벼슬아치 같은 거창한 이름의 소유자가 아니라 바로 자신들 뿐이라는 각성이 수반되었기 때문이다.

18세기 농촌사회에서 장승문화가 불길처럼 번져 나가자 사찰에서도 불교 교리와 아무런 상관이 없는 마을장승을 끌어들여 절집 앞에 내세우기 시작한다. 장승을 통해 친절성을 보여주기 위한 논리이다. 그러면서 장승은 기존의 사찰 수호신인 금강역사나 사천왕상의 제작수법과 혼용되고 또 사찰의 경제력과 결부되면서 힘과 권위가 강조된 모습으로 바뀌어 간 것이다.

그렇지만 마을장승을 받아들인 초기의 사찰장승은 아직 전래의 모습 그대로였다. 개흥사 입구에서 조양마을로 옮겨온 이곳 장승이 초기 사찰 장승의 모습을 잘 말해준다. 부처님의 가호를 빌러오는 사람들보다 더 슬픈 표정으로 벌써 그들의 삶을 위로하고 있는 것이다. 이렇듯 절집의 산문이나 마을의 동구 밖 어귀, 이 땅의 어디에서나 잘 어울리는 것이 우리 장승이 가진 본래의 미학이기도 하다.

조양부락 사람들은 요즘도 정월 대보름 당산제를 올릴 때면 장승에게 도 정성껏 음식을 바치고 저마다의 소원을 빈다. 부부가 오랜 세월을 함께 살면 얼굴마저 닮는다는 말이 있다. 그 숱한 날들을 장승과 함께 살아온 사람들의 표정은 장승을 닮아 있다. 그리고 버림받은 세월 탓인지 그들의 이마에는 밭고랑 같은 주름살이 드리워져 있다.

전남 보성군 득량면 해평리 조양부락 입구에 있다. 보성읍에서 벌교방면으로 가는 2번 국도를 따라가다 성재 사거리에서 오른쪽 851번 도로를 따라 우회전해서 4킬로미터쯤 가면 마을 입구에 이른다. 보성군청 관광과(0694-850-5735)

쓸쓸한 마음으로 들길을 더듬는 사람아

무안 승달산과 총지리

전라남도 무안군 청계면에 위치한 승달산(僧達山), 산이 다하고 물이 모인 곳에는 반드시 대결(大結)한다는 간룡진처(幹龍盡處)의 땅. 전라도의 산세를 살펴보면 노령산맥이 장성 갈재에서 두 갈래로 나뉘어진다. 한 갈래가 고창의 방장산, 영광의 불갑산을 거쳐 무안의 승달산과 목포의 유달산에 낙맥하고, 다른 한 갈래는 순창의 회문산, 광주의 무등산, 영암의 월출산, 해남의 두륜산을 타고 내려 땅끝 사자봉에서 마무리된다.

이러한 산줄기의 형세는 자신의 근본이 되는 어버이산을 되돌아보는 회룡고조(回龍顧祖)형으로 사뭇 종교적인 색채를 짙게 간직하고 있다. 그래서 유·불·선의 구도자들이 뜻을 이룬다는 유달산(儒達山)·승달산(僧達山)·선달산(仙達山)과 같은 성지가 만들어진 것이다.

그 중에서도 산기운이 가장 수승하다는 곳이 승달산이다. 본디는 영추산이었는데 원나라의 원명(圓明) 스님이 제자 5백여 명과 함께 이곳에서 도를 깨우쳐 스님들이 도통하는 산이라 하여 승달산이 되었다. 지금도 이곳에는 스님들이 염불을 하고 있는 모습의 노승예불형(老僧禮佛形) 명당이 숨어 있으며 구도자의 땅 법천사의 목우암이 자리잡고 있다.

하늘이 감추고 땅이 숨겨 온 땅 승달산의 신령스러운 영지를 찾아가기 위해서는 먼저 끝없이 펼쳐진 남도의 붉은 황토밭을 순례해야 한다. 때 마침 보리꽃이 피기 시작한 계절이어서 이슬처럼 속살을 드러내기 시작한 청보리밭의 빛깔이 하늘까지 닿을 듯 펼쳐 있다.

무슨 까닭인지는 모르겠지만 남도의 길을 걸어가다 보면 자신도 모르게 가슴이 뜨거워짐을 느낀다. 이 땅의 5월이 간직한 사연 때문인지 아니면 원초적으로 다가오는 저 모든 산하의 빛깔 때문인지는 모르겠지만, 몸에 안길 듯한 풍경들이 슬픈 인사를 먼저 건넨다.

승달산 법천사로 가는 길은 그런 전라도 길의 한 전형이다. 세상을 버리고 떠난 사람들의 길, 그 길은 십리 남짓 흙먼지 날리는 들길로 이어지다 세속의 모든 인연을 마감하듯 사뭇 비장하게 산 속으로 들어가버린다. 이름하여 달산리(達山里), 산에 이르는 마을의 끝이었다.

어떤 이는 이 길에서 구도자의 발자국을 남겨 놓았으련만 나는 떠돌이 같은 정처 없음으로 첫 인연을 들여놓는다. 일반인의 출입을 금한다는 상수원 안내문을 읽고 검문소를 지나니 길은 옛이야기처럼 아스라 하고 적막강산처럼 고요하다.

그 고요 속에서 길은 그냥 무심하게 자신의 뱃가죽을 드러내놓고 있다. 산문은 산문이로되 세심천이나 피안교 해탈교 일주문 같은 번거로움이 없어 좋다. 맨 처음 산을 찾던 이를 맞이해주던 모습 그대로이다.

솔바람소리는 정수리를 스치고, 온 산에 그윽한 봄꽃들의 숨소리는 나그네의 귓볼을 적신다. 돌아 보면 세월도 멈춰서버릴 듯하다. 도선국사의 비결이 말하는 하늘이 감추고 땅이 숨겨 온 천장지비(天藏地秘)의 땅은 그저 있는 그대로 무위(無爲)를 가르치고 있을 뿐이다.

은은한 미소가 어린 법천사 장승

어느 무명 석수장이의 솜씨였을까, 순정 어린 마음결이 오롯이
드러나 있다. 스님들은 필시 불법을 수호하고 잡귀를 막아낼 수
있는 위엄과 권위를 주문하였으련만, 석공은 돌 속에 숨어 있는
내자들의 마음을 찾아 내듯 수줍은 웃음꽃을 피워냈다.

그 길을 한참 걸어가니 그윽한 고요 저편에 미소가 있다. 반가사유상처럼 원만하고 고고한 미소는 아니지만 마음이 환해지도록 밝다. 공양주 보살처럼 조금은 슬퍼 보이고 조금은 부끄러운 듯한 반달 같은 미소이다. 두손을 모으고 머리를 조아릴 수밖에.

어느 무명 석수장이의 솜씨였을까, 순정 어린 마음결이 오롯이 드러나 있다. 스님들은 필시 불법을 수호하고 잡귀를 막아낼 수 있는 위엄과 권위를 주문하였으련만, 석공은 돌 속에 숨어 있는 내자들의 마음을 찾아내듯 수줍은 웃음꽃을 피워냈다. 승달산 골짜기에 살던 사람들의 오랜 반려자였는 듯, 발 밑에는 축수 어린 돌탑이 쌓여져 있고 콧등은 아들 못 낳은 아낙들이 벌써 쪼아간 지 오래이다.

옛날 절골 아래 마을 사람들이 살았을 때는 아침, 저녁으로 일터에 드나드는 농부들의 인사도 받아 보았으련만, 지금은 까마득한 일이 되어 버렸고 산새들이 어깨에까지 내려와 놀다 가곤 한다.

"젊은이, 무얼 그리 열심히 쳐다 보우?"

돌장승의 웃음이 피어나는 적막한 옛길에서 나그네는 울창한 소나무 숲을 휘적휘적 헤치며 불현듯이 나타난 한 노인을 만난다.

오척 단구의 다부진 몸집이었는데 목소리는 일흔 여섯의 나이가 무색하게 항아리 속같이 쩌렁쩌렁 울린다. 오가피 나무를 다려 먹으면 다리 힘이 좋아진다 하여 그 나무를 찾아 산 속을 헤매고 있다는 노인. 뒤에 안 일이었지만 그 분의 호는 일산(一山)이었으며 범상치 않은 풍수쟁이였다.

일산 선생의 도움으로 나그네는 승달산의 이모저모를 만날 수 있었다. 노승예불형(老僧禮佛形)이며, 봉황새가 집으로 돌아온다는 비봉귀소혈

(飛鳳歸巢穴), 구름 속에 달을 품고 있다는 운중수월형(雲中水月形)
……. 모두 도선국사가 천년 전『옥룡자 비결』에 기록한 대지(大地)들이
었다.

　일산 선생은 성급히 이것 저것을 물어대는 젊은 나그네에게 "산의 뜻
을 알려면 적어도 천 번 정도는 오르며 마음속에 새겨야 다소나마 조화
가 붙는다"고 성급한 마음을 이내 다독인다.

　선생과 나그네는 법천사에 들러 늦은 점심을 얻어 먹고 쓰러질 것 같
은 요사채의 마루에 앉아 먼 산들을 바라보았다. 일산 선생이 "저기 저
산 좀 보아, 우리를 보고 공수하고 있지 않는가?" 정말 연꽃 같은 산봉우
리들이 머리를 조아리며 이쁘게 웃고 있었다. 나는 또다시 성급하게 "저
산들이 승달산 노승예불형의 열두 상좌들이냐?"고 물어 보았으나 선생
은 다만 껄껄껄 웃으며 산을 내려가기 시작한다. 무명 도포자락에는 어
느새 승달산 자락이 펄럭이고.

　승달산을 하산하여 선생과 헤어진 후 나그네는 남은 여정에 쫓겨 길을
재촉한다. 무안군 몽탄면 대치리 총지마을의 돌장승을 찾아가기 위함이
다.

　목포행 호남선 열차가 쉬어 가던 몽탄역에서 5킬로미터쯤 거리인데
이곳도 승달산이 이루어 낸 범상치 않는 땅이다. 이 골짜기 어디엔가 임
금이 나온다는 군왕지지(君王之地)가 있어 옛부터 지관들의 발길이 끊이
지 않았다고 한다. 총지마을로 찾아 가는 길, 산기슭에 서 있는 수많은
세거비(世居碑)와 세장비(世葬碑)도 이 산천의 이력을 잘 말해주고 있
다.

　총지마을 장승은 전형적인 우리네 할아버지 할머니의 모습이다. 머리

에 쪽두리를 쓴 형상이라 하여 할머니라 불리는 돌사람은 외갓집 할머니 같은 온화한 정이 넘쳐 나고, 할아버지는 차돌멩이처럼 단단한 몸집을 땅에 묻고 수염을 날리며 서 있다. 이 땅에 스쳐갔을 세월의 무게를 침묵으로 말해 주는 듯 일자로 굳게 다문 입술, 뚫어져라 응시하고 있는 눈망울은 사뭇 침통해 보인다.

본래 이곳 장승은 마을 장승이 아니라 총지사 입구를 지키던 수문장이었다. 총지마을 뒤편 절골이라 불리는 곳에 총지사란 절이 있었다. 통일신라 때 정명(淨明) 스님이 승달산 지맥인 백운산에 창건하였고 임진왜란 때 불탄 것을 조선 후기에 중창하여 아홉 암자를 거느릴 정도로 큰 절이었다.

이 절이 망해버린 이유는 정확하지 않지만 세도가들의 명당바람과 무관하지 않은 듯싶다. 총지마을 서병은 씨는 총지사가 폐사된 이유를 이렇게 전해 준다.

"총지사 뒷산에다 충청도 석성현감을 지낸 임일수란 사람이 즈그 아부지 묏등을 썼는데 중들이 그 묏등에 말뚝을 박아버렸어. 그렁게 임일수가 보복하기 위해 벼슬을 내세워 절에다 불을 질러 망해버린 것이제."

출세한 한 가문의 위세가 이토록 대단한 것이었던가, 사찰의 역사는 폐허 속에 나뒹구는 기왓장만큼이나 참혹스럽다. 지금도 104정보나 되는 사찰지는 모두 임씨들의 사유지로 남아 있다.

스님들이 다니던 길이었다는 문바우, 스님들의 마굿간이었다는 마우답, 우물이었던 중들샘, 큰스님이 거처했다는 상바람 낡은 절 그리고 불타는 가람을 바라보며 건너편 법천사로 피해가던 스님들이 통곡하였다는 원통골⋯⋯. 이러한 지명들만이 희미하게 남아서 총지사의 애환을 달래

오서운 할머니와 함께한 총지리 장승

산 너머 청계면에서 열여덟에 시집을 와 칠십여 년을 이곳에서만
살아온 오서운 할머니는 올 보름 치성이 마지막이 되어 부디
따뜻한 봄산으로 돌아가기를 소원한다. 차운 바람 부는 날,
손녀딸이 보내준 목도리를 둘러쓰고 장승거리에 나온 할머니의
표정은 어느새 돌장승을 닮아 있다.

주고 있다.

그후 돌장승은 이 골짜기에 살던 농투산이들의 동무가 되었다. 머슴미륵처럼 그들의 고단한 일생을 함께하는 반려가 되어 소원을 들어주거나 희망이 되어주기도 했다. 때로는 왕눈을 부릅뜨고 잡스러운 것을 막아주는 수호신이 되기도 했다.

길 떠나는 사람들에게 든든한 어른이 되어 가호를 내렸고, 먼길의 노독에 지쳐 돌아오는 사람에게는 반가운 문지기였다. 그래서 그들은 돌덩이지만 사람의 몸처럼 온기가 흐른다.

마을 사람들은 큰 일이 있을 때면 제일 먼저 찾아와 고해성사를 했고, 대보름날 지신을 밟을 때도 이곳에서부터 풍물 가락을 일구기 시작한다. 그리고 총지마을 사람들은 죽어서는 절대로 이 장승거리를 넘지 않았다. 신령스러운 신의 거처를 죽은 이의 목숨이 넘나들 수 없다는 금기를 지켜온 것이다.

그러나 지금 그 전통은 옛이야기가 되었다. 절골이었던 마을에는 교회가 들어서고 주일 밤이면 아낙네들이 짝을 지어 찬송가를 부른다. 때마다 진설되던 죽은 넋들을 위한 거리밥도 사라지고 머리 조아리며 비손하는 이들도 뜸해졌다. 무정한 세월이 쌓여갈 뿐이다.

법천사는 무안군 몽탄면 달산리 승달산중에 있다. 무안읍에서 목포 방면으로 가는 1번 국도를 따라가다 구암에서 좌회전 815번 지방도로를 따라가다 다시 달산리쪽으로 좌회전한다. 총지리 장승은 무안군 몽탄면 대치리 총지마을에 있다. 무안읍에서 811번 지방도로를 따라 몽탄쪽으로 가다 대치리쪽으로 우회전해 들어간다. 법천사(0636-452-3903), 무안군청 관광과(0636-453-4680)

들길의 풀잎 하나에도 그대 정들었으리

임실 장산리

세상이 변해 사라지는 것들이 어디 한두 가지랴만, 우리 시대에는 참으로 많은 것들을 떠나 보내고 또 무던히도 많을 것들을 새롭게 맞이했다. 이제 다음 세대에겐 박물관의 유물들로 남거나 세월 속에 영원히 묻혀버릴 풍경들이 부지기수다.

등잔불 아래서 코 밑이 새까맣게 되도록 옛날 이야기에 마음을 졸였던 기억이나 공동묘지에 쩌릉쩌릉 돌멩이를 내리쳐 쇠말뚝을 박았던 일, 장날에 이십 리 고갯길을 넘어 돌아오시던 어머니의 장바구니 속을 애타게 기다렸던 그 흐벅진 추억들…… 도시의 아파트 숲에서 자라난 아이들로서는 상상할 수도 없는 마음의 보금자리이다.

그렇지만 지금 우리에게 고향의 옛모습이 그대로 살아 있는 것은 아니다. 일 년에 한두 번 명절날이나 찾아가고 친척들의 부음 소식을 듣고 허겁지겁 내려갔다가 마주치는 고향의 모습은 어떤 것이었던가. 너무나도 낯선 모습으로 바뀌어져 무정하지 않았던가.

어린 날 마을 앞 당산나무처럼 우람해 보였던 어르신들은 뒷동산 삐비꽃 흩날리는 무덤 속에 누워 계시고 그 풍요로웠던 개울물도 형편없이 말라 초라해졌다. '산천은 의구하다' 는 옛말마저 모두 허사가 되어 버린

때묻지 않은 순정을 안고 흐르는 섬진강

이 강은 넓은 평야지대를 흐르며 기름진 대지를 적셔 역사의 물줄기를 길러 내거나
돛단배가 오르내리며 물화를 실어 나르던 그런 문명의 강이 아니다. 사람들의 발길이
자주 닿지 않는 깊은 산길로만 굽이쳐 돌아 흐르며 은둔자의 후예들이 살아가는
작은 마을을 거느리고 있을 뿐이었다.

것이다.

그런 날 밤 고향집에 돌아와 누워서 맞이하는 밤은 얼마나 고적하던 가. 가슴 미어지게 문지방을 넘나드는 소쩍새 울음소리와 툇마루에 쏟아지는 창백한 달빛을 보면서 우리는 그때 무심코 우리 곁을 흘러가버린 세월을 절감하게 된다. 그래서 사라지는 것들 중에서 가장 안타깝고 그리운 것은 고향이란 말 속에 묻어 나는 추억일지도 모른다.

섬진강변의 작은 마을들을 찾아 나서는 일은 두고두고 잊지 못할 감동과 여운을 안겨 주었다.

빨치산들의 근거지였던 회문산 자락, 그곳에서 시작한 섬진강의 한 지류를 따라서 임실군 덕치면 장산리와 동계면 귀미마을까지 흘러간 30여 리 강길. 그 풍경은 아직 문명의 손길을 타지 않은 순결한 모습 그대로이다.

그 누구도 이 강물을 이용해 돈벌이를 궁리하거나 문명의 이기를 건설하려고 엄두를 내지 못한, 아직은 수줍은 처녀와 같은 자태이다. 순박한 농부들의 강이다.

또 이 강은 넓은 평야지대를 흐르며 기름진 대지를 적셔 역사의 물줄기를 길러 내거나 돛단배가 오르내리며 물화를 실어 나르던 그런 문명의 강이 아니다. 사람들의 발길이 자주 닿지 않는 깊은 산길로만 굽이쳐 돌아 흐르며 은둔자의 후예들이 살아가는 작은 마을을 거느리고 있을 뿐이다.

아침이면 잠방이를 걷어올리고 사래 긴 밭이나 다랑이 논으로 향하는 농부들이 징검다리를 건너는 강. 해가 떨어지면 저문 강물에 삽자루를 씻고 담뱃불을 반짝이며 집으로 돌아오는 강. 꼭 그들이 불러대는 육자배기 가락처럼 주름투성이 인생을 닮아버린 그런 강이다.

아무도 눈여겨보지 않았던 이 강을 노래한 이가 있다. 그가 바로 섬진강의 시인 김용택. 그는 이 강변에서 태어나 불혹의 나이가 넘도록 오로지 이 강마을을 넘나들며 살아온 섬진강의 토박이다. 그래서 그의 시 속에는 굽이굽이 섬진강 물줄기가 숨쉬고 있다.

그는 섬진강은 한마디로 '찾아 보아야 보이고, 들여다 보아야 그 아름다움이 배어 나는 강'이라고 한다. 좁은 계곡을 낮은 소리로 숨죽여 흐르기 때문에 섬진강은 통곡의 강이 아니라 흐느낌의 강이라는 것이다. 그것도 크게 흐느끼는 것이 아니라 잔잔하게 흐느끼는 누이들의 어깨와도 같은 그런 순정이 묻어 나는 흐느낌으로 말이다.

그는 이 강줄기를 따라 오르내리며 아이들을 가르치는 시골학교 선생님이다. 예전엔 섬진강이 교실을 감싸고 흐르던 천담분교에 다녔는데 학생들이 없어 폐교된 후 지금은 덕치 초등학교에 있다.

그가 노래한 연작시 '섬진강'은 이곳에 묻혀 살았던 사람들의 역사이다. 이름 없이 피었다 지는 강가의 풀꽃같이 애처러운 사람들의 사연을 우리 시대 가장 아름다운 서정시로 노래했으며 때로는 그들의 옹이 진 삶을 당당하게 노래하기도 했다. '저무는 섬진강을 따라가며 보라. 어디 애비없는 후레자식이 퍼간다고 마를 강물인가'라고.

회문산에서 흘러 내린 구림천 물줄기가 활등처럼 굽이 돌며 수줍은 듯 잦아지는 곳, 그곳에 시인의 마을은 자리잡고 있다. 그가 고백한 대로 '예쁠 것도 없고 그렇다고 자랑스럽게 내세울 만한 것도 없는' 생각하면 금방 눈물이 고여 올 것 같은 그런 작은 마을이다.

행정지명으론 장산리이지만, 마을 사람들 입에서는 아직도 진메라는 정겨운 이름으로 불려오는 마을. 마을 앞에 자리잡은 산세가 그 높이나 크기에 비해 유난히 길어서 진(긴)메라고 불러 왔다는 마을 장산리.

사라져버린 진메마을의 징검다리

마을 앞에는 '옛이야기 지즐대는 실개천' 같은 섬진강이 휘돌아
가고 그 강길에 산비탈의 밭을 일구기 위해 강을 건너던 진메
사람들의 징검다리가 놓여져 있었다. 그러나 몇 해 전 다시 찾아가
보니 징검다리는 시멘트 다리가 되어 온데 간데가 없었다.

이 마을의 역사가 언제부터 시작되었는지는 정확히 알 수 없지만 약 4백년 전쯤으로 추측된다. 임진왜란 때 남원에 살던 양씨와 문씨 그리고 나주에서 김씨 성을 가진 이들이 가족들을 거느리고 피난지를 찾아 이 깊은 두메까지 들어온 것이다.

마을 뒤편 산기슭엔 처음 이곳에 터를 잡은 양씨 할아버지가 심었다는 느티나무가 있다. 이제 이 나무는 마을을 지키는 당산목으로 그 수령이 4백년쯤 된다. 지금은 늙고 병들어 무성했던 가지마저 꺾여져 초라한 모습으로 남아 있어 나그네의 마음은 아프다. 마을 사람들은 이 나무를 지금도 신성시 한다. 예전에 아이를 낳지 못하던 여인네들은 이 나무에 정한수를 바치고 비손을 하여 귀한 아들을 얻기도 했다.

진메마을에는 이 당산나무의 뒤를 이어 마을을 지켜주는 두 그루의 느티나무가 더 있다. 한 그루는 마을로 들어오는 입구에 서 있고 또 한 그루는 마을 신작로 앞에 서 있다. 재미있게도 이것은 심은 사람이 누구인지 알려져 있다.

마을로 들어오는 입구의 느티나무는 백년 전쯤 살았던 서춘할배가 심었다고 한다. 작은 나룻배로 강길을 건네 주던 홀아비 나루지기 서춘할배는 집마당에 이 나무를 심어 놓고 한겨울에도 얼음을 깨고 목욕을 했다는 일화가 있다.

특히 서춘할배는 잠버릇이 독특해 진메마을 사람들에게 전설적인 존재이다. 마을 사랑방에서 잠을 잘때면 밤새껏 나무아미타불을 중얼거렸는데 마을 사람들이 시끄럽다고 지청구를 하면 잠결에도 나지막하게 중얼거리다가 다시 점점 커져서 그 곡조가 동구밖까지 울렸다고 한다.

마을 바로 앞에 싱싱하게 자라고 있는 또 하나의 느티나무는 김용택 시인이 소싯적에 당산나무 밑에서 자라던 작은 묘목을 뽑아다 심은 것이다. 처음엔 집마당에 심어 놓았는데 2년 만에 너무 크게 자라나자 마을 앞으로 옮겨 심어 놓은 것이란다. '큰 나무를 집안에 심어 놓으면 안 좋다'는 어머니의 꾸지람을 듣고.

벌써 그 느티나무가 한 아름이 넘는 우람한 크기로 자라나 여름철 더위를 피하는 장소로는 안성맞춤이 되었다. 김용택 시인은 자신을 찾아온 방문객에게 '이 나무는 내가 심은 것'이라고 하면 모두들 '순 공갈이다'며 믿지를 않는다고 하소연을 한다.

나루지기 할배와 시인이 심은 느티나무와 함께 진메마을의 또 하나의 명물은 징검다리이다.

마을 앞에는 '옛이야기 지즐대는 실개천' 같은 섬진강이 휘돌고 있다. 그 강길에는 산비탈의 밭을 일구기 위해 진메 사람들이 건너 다니던 징검다리가 놓여져 있다. 김용택 시인이 헤아려 보니 정확히 여든여덟 개의 돌로 이루어졌다고 한다. 그런데 신기하게도 이 징검다리는 해마다 물난리가 나도 한 번도 떠내려 간 적이 없이 제 자리를 지키고 있다는 것. 그 이유는 옛날 진메마을 어른들이 홍수가 졌을 때에도 강물이 가장 순하게 흐르는 자리만을 골라 돌들을 배치했기 때문이란다.

김용택 시인은 시로 쓰지 못한 섬진강변의 이야기를 산문집『섬진강을 따라가며 보라』에 구구절절 하게 털어 놓고 있는데 그 산문집에는 어김없이 이 징검다리에 대한 예찬이 실려져 있다.

"징검다리는 이렇게 마을 사람들을 강 건네 주는 일을 할 뿐만 아니라 빨래를 하는 빨래터, 밤이면 여성들이 목욕을 하는 목욕터, 상추나 배추를 씻는 곳

등 마을 가운데 있는 헛샘이 못해내는 일을 하곤 하는 것이다. 그래서 늘 사람들의 모습이 사라지지 않는 곳이다. 동네 아주머니나 처녀, 또 아이들의 빨래하는 방망이 소리가 나기도 하고, 닭을 잡아 닭의 배를 따기도 하고, 마을 잔치 때는 여러 사람이 빙 둘러서서 돼지 내장을 끄집어 내기도 하는 곳이다. 겨울철에 얼음장을 깨고 빨래를 할 때도 있었다. 어머님의 말씀에 의하면 시집살이의 서러움과 분노를 방망이질 소리로 풀어 강물에 실어 보내던 곳이다."

징검다리는 그 숱한 세월 진메 사람들의 닳고 닳은 사연들만큼이나 빤질빤질하게 윤이 나 있다. 그 곳에 앉아 강물에 발을 담가 보라. 섬진강의 세월이 온몸에 스며 올 것 같지 않은가. 강변에는 융단을 깔아 놓은 듯 풀밭이 펼쳐지고, 강물에 낯이 씻긴 크고 작은 냇가의 돌들과 함께 자운영꽃이며 토끼풀꽃이 도란도란 모여 앉아 이야기를 나누고 있다. 그 위에 누렁소와 염소 떼들이 한가롭게 풀을 뜯고 있다.

김용택 시인은 '진메마을에서 징검다리와 이 강변이 가장 사랑스럽다'고 한다. 그리고 그 또한 진메마을 사람들이 그러했던 것처럼 서럽고 괴로울 때면 한밤중 아무도 몰래 이 징검다리에 나와 앉아서 물소리를 들으며 슬픔을 달래곤 했다고 한다.

떠나 오는 길, 그는 굳이 진메마을에서 천담리를 거쳐 귀미까지 가는 섬진강 줄기를 따라가 보기를 권했다. 그 길이 이른 봄에서 늦가을까지 이 땅에서 피어나는 풀꽃들의 낙원이라는 한마디를 빼놓지 않는다.

나그네는 털털거리는 경운기나 겨우 다닐 수 있는 그 길을 무리해서 승용차로 찾는다. 그가 말한 것처럼 온통 찔레꽃으로 하얗게 덮혀 있었다. 도회생활 편리함에 길들여져온 모습이 사뭇 부끄럽다. 어찌 이 길은

강변에는 소 떼들이 한가롭게 풀을 뜯고 있다

아침이면 잠방이를 걷어올리고 사래 긴 밭이나 다랑이 논으로 향하는 농부들이
징검다리를 건너는 강. 해가 떨어지면 저문 강물에 삽자루를 씻고 담뱃불을 반짝이며
집으로 돌아오는 강. 그 강가에는 융단 같은 풀밭이 펼쳐지고 누런 황소가 한가롭다.

자동차로 제맛을 알랴.

　퇴근길 마중 나온 아내에게 그는 길가의 꽃들을 한 주먹씩 꺾어 건네 주곤 했다고 한다. 그럴 때면 아내는 이 길에서 '꼭 안아 달라'고 했다고 하니 그들 부부의 사랑으로 하여 이 길은 더욱 향기로운 모습을 간직하고 있는 듯했다.

　한때 그가 다녔다는 그림 같은 시골학교 천담분교, 강줄기가 휘감고 돌아 가는 강변에 물레방앗간과 함께 있다. 무척이나 수척해지고 퇴락한 모습이다. 텅 빈 운동장에는 잡초들이 무성하다. 미루나무 아래 자리잡은 시소와 철봉대, 그네는 녹이 슬어 삐걱거리고 있다. 그 사연을 아는지 모르는지 뻐꾹새는 진종일 울어 대고.

　찔레꽃이 흐드러지게 핀 유월의 강길을 따라 지도에도 나와 있지 않은 이름 없는 마을들을 떠나 오면서 나그네는 자주 자주 뒤를 돌아다 보아야 했다. 그 아름다움의 의미를 오래오래 가슴 속에 담아 두고 싶어서.

전북 임실군 덕치면 장산리에 있다. 88고속도로 순창인터체인지로 진입하여 순창읍에서 임실방면으로 가는 29번 국도를 따라가다 일중리 못미처에서 우회전해 찾아간다.
순창군청 관광과(0674-650-1457)

추야장장 기나긴 밤 어메들의 노래

진도 소포리

진도에서는 낯선 외지 사람이 길을 지나가면 들일을 하던 아낙네들이 '메꼬리' 라는 것으로 길을 막고 소리를 청하는 풍습이 있었다. 그래서 그 노랫소리가 들을 만하면 한 곡쯤 은근슬쩍 화답으로 대해주고 만약 노래를 못하거나 그 소리가 신통치 않으면 망신살을 주며 지나가지도 못하게 했다. 그것이 진도를 찾는 사람들의 통과의례였다.

이런 연유로 진도에 가서는 소리 자랑을 하지 말라는 속담이 생겨났다. 그리고 그 오랜 전통 덕분에 산업화의 물결 속에서도 끊기지 않고 진도소리만은 아직도 봄날의 밭고랑처럼 싱싱하다.

황토흙에 주저앉아 밭일을 하는 아낙네들에게 소리를 청하면 들녘은 금세 노래판으로 출렁인다. 무릎장단을 후려치는 육자배기 가락은 어느새 산모랭이를 타고 넘어 길 가던 나그네의 애간장까지 끊어 놓는다. 마치 붉은 황토의 속살을 움켜쥔 듯한 촉감, 그것이 진도소리의 참맛이다.

진도소리는 슬플 때 부르는 노래, 기쁠 때 부르는 노래가 따로 있는 것이 아니다. 인생살이에서 맞닥뜨리는 그 모든 생활의 감정이 원형질처럼 농축되어 슬플 때 부르면 슬픈 소리가 되고 기쁠 때 부르면 기쁜 소리가 된다.

들판에서 마주치는 아낙네들도 남도에서는 푸짐하다

황토흙에 주저앉아 밭일을 하는 아낙네들에게 소리를 청하면 들녘은 금세 노래판으로
출렁인다. 무릎장단을 후려치는 육자배기 가락은 어느새 산모랭이를 타고 넘어 길 가던
나그네의 애간장까지 끊어 놓는다. 마치 붉은 황토의 속살을 움켜쥔 듯한 촉감,
그것이 진도소리의 참맛이다.

그렇기 때문에 상여를 짊어지고 북망산천을 찾아가는 만가는 어깨춤이 솟아날듯 흥겨움이 있으면서도 그 밑바닥에는 가없는 슬픔이 고여 있다. 겨울밤 빈 들판을 스치는 바람의 통곡소리처럼 말이다.

소포리를 다시 찾은 것은 꼭 10년 만이다. 대학시절 진도의 민속에 매료되어 여름 한철을 이곳에서 보낸 적이 있다. 마을의 생김새가 마치 풍물패가 쓰고 있는 고깔에 달린 꽃봉오리처럼 예쁘게 자리잡았는데 그곳 당멧산에 올랐던 밤, 총총했던 은하수 강물이 지금도 머리 위에 쏟아질 것 같은 추억으로 남아 있다.

'별 따자 별 따자 하늘 잡고 별 따자' 라는 구음에 맞추어 풍물가락을 배우던 일이 새삼 어제 일처럼 생생하다. 소리에 아둔한 탓에 늘 북장단 하나도 추스르지 못하고 연일 술타령이었지만 새삼스레 그날의 가락들이 가슴속에 살아나는 것은 무슨 까닭일까. 다시 찾은 소포리 사람들의 얼굴은 이미 기억 속에서는 잊혀진 듯 가물가물하다. 나지막한 슬레이트 지붕이 내려앉은 골목길의 풍경만이 익숙하게 나그네를 맞아준다.

소포리는 본래 바닷가 마을이었다. 15년 전까지만 해도 염전이 주업이었는데 소포만 간척공사가 끝나 지금은 농토를 일구며 살아간다. 마을 이름도 소금이 많이 나온다 하여 소금개 또는 소개로 불렸는데 한자로 표기하면서 소포리가 되었다.

소포리는 빈 집들이 많은 다른 농촌마을처럼 썰렁하지는 않다. 아직도 돌담 너머 아낙네들의 웃음소리가 번져 나가는 사람사는 온기가 느껴지는 마을이다. 이 터는 본래 수원 백씨가 이루었을 것으로 추정된다. 지금은 한 집만이 살고 있지만, 마을 주변 양지쪽의 좋은 자리는 모두 백씨들의 묘소가 차지하고 있음이다. 그후 차씨, 오씨가 들어왔으며, 땅 한 뙈기 없는 농투성이들이 너나없이 소금밭을 일구기 위해 찾아들어 스물네 개의 성씨가 사는 큰 마을이 되었다.

소금 한 가마를 쌀 한 가마와 바꾸던 시절, 바닷물을 퍼 올려 소금만 구우면 그것이 곧 식량이나 다름없었다. 땅이 없어도 열심히 일하면 끼니 걱정은 면할 수 있는 곳이었기에 팔도의 가난뱅이들이 다 모여든 것이다.

소포리 염전은 태양볕에 바닷물을 증발시켜 만드는 천일염이 아니라, 갯벌의 소금기를 바닷물로 다시 우려내어 이것을 가마솥에 넣고 장작불로 구워 내는 화염(火鹽)이다.

마을에서 공동으로 운영하던 아홉 개의 소금막에서 엄동설한에도 설탕가루처럼 새하얀 소금을 구워냈다. 날이 풀리면 돛배에 싣고 경상도 하동까지 팔러 다녔는데 들어올 때는 뱃전마다 곡식들이 바리바리 실려 있었다고 한다. 그래서 하루에도 날천냥 들천냥한다는 말이 생겨나고 남부럽지 않은 풍요를 구가하던 때도 있었다.

그 호화 속에서 외지와의 교류도 잦았다. 소금막 일꾼들의 왕래가 잦아지면서 철 따라서 전국에서 내로라 하게 이름난 소리꾼과 한량들이 찾아 들기도 했다. 소금밭에서 나온 넉넉한 생산력이 소포마을을 더욱 기름지게 만들어 각종 예인들의 보금자리를 만들어 준 것이다.

예나 지금이나 유독 소포마을의 소리가 구성지고 끊이지 않고 있는 이유로는 여러 설이 있다. 마을의 형세가 고깔모양이어서 굿이 안 떨어지게 생겼다는 등, 마을 앞에 거문고 바위가 있어 그렇다는 둥 하는 이야기가 있긴 하지만 실상은 농토로 변해 버린 저 소금밭이 비밀이었던 셈이다. 저마다 아픈 사연 한 가지씩을 간직하고 소금막까지 찾아들었던 사람들, 그들이 일구어 낸 한의 세월이 소포 사람들의 노래와 풍물소리에 실려서 오늘날까지도 정정하게 살아 있는 것이리라.

스물네 개의 성씨가 넘는다는 각양각색의 인생유전이 모여 둥지를 튼 소포리는 뼈대와 가문을 내세우는 반촌은 아니다. 그러나 소포리는 어느 마을 못지 않은 다정하고 끈끈한 유대를 이루고 있다. 언제부터인지는 모르지만 하나씩 둘씩 뜨내기 같은 삶들이 모여 터전을 이루었으니 그들이 빚어낸 옹이진 삶의 내력은 각별할 수밖에.

180호가 넘는 대가족들이 씨족이나 파벌로 나뉜 적이 없고 장남파, 중파, 계파, 막둥이파 등으로 나뉘어 따지기를 좋아하는 집성촌보다 오히려 결속력이 강하다는 것이다.

"어릴 때 뛰놀던 고향 마을을 그리워하며 이 빗돌을 세우노라." 마을을 떠나 사는 소포리 출신들이 향우회를 조직하여 동구밖에 세워 둔 이 정표의 글귀에도 그런 소포 사람들의 훈훈한 정이 느껴진다.

그 촘촘한 연대와 우애의 정신으로 만들어진 것이 소포리의 노래 사랑방이고 걸군 농악이다. 오래 전에 사라져버린 사랑방 문화가 아직도 살아 있고 풍물소리 또한 예전의 신명을 간직하고 있다. 누대에 걸쳐 이어온 소포 사람들의 숨결이 아직도 겨울 농가의 구들장처럼 따뜻하게 살아 있는 것이다.

예사 마을이라면 모두 텔레비전 연속극에 넋이 팔려 있을 시간에 마을회관 뒤편 김양식 씨 집 안방에선 흥겨운 노랫소리가 그칠 줄 모른다. 달무리처럼 둘러앉은 아낙네들이 북장단을 두들기며 옛 어른들의 노래 솜씨를 이어가고 있는데 구성진 노래말처럼 먼 데 사람은 듣기도 좋고 가까운 데 사람은 보기도 좋다.

노랫소리가 그치지 않는 소포리 마을

소포리는 본래 바닷가 마을이었다. 15년 전까지만 해도 염전이 주업이었는데 소포만 간척공사가 끝나 지금은 농토를 일구며 살아간다. 마을 이름도 소금이 많이 나온다 하여 소금개 또는 소개로 불렸는데 한자로 표기하면서 소포리가 되었다.

이 집의 안주인 한남엽 씨가 주도가 되어 농사일이 끝난 동짓달 그믐부터 이듬해 정월까지 매일 밤 노래방을 열어오기를 벌써 10여 년이 지난 세월이 되었다.

"농촌에서 일하면서 이렇게 저렇게 세월 녹이고 살다 대부분이 이젠 영감 할멈만 살지라. 임자가 죽으면 혼자서 살기도 하는데 적적하기가 말로 할 수 없지라. 그래서 다믄 겨울 한 철이라도 우리가 이렇게 모여서 소리도 배우고 웃기도 하고 살지라. 군불 뜨끈뜨끈하게 지펴 두고 고구마 쪄 묵고 싱건지 국물 마시면서 소리를 하믄 그 재미가 소록소록하단 말이요."

젊은 시절 남편을 군대에 보내 놓고 눈먼 시할머니 모시고 또 그 밑으로 시부모 모시고 맵짠 시집살이 징그럽게도 했다는 한남엽 씨. 그녀는 저물어 가는 소포리의 소리를 다시 살려낸 주인공이다.

지산면 보전리가 친정집인데, 그녀는 소싯적부터 노래를 잘해 '매미'라는 별명으로 불렸다고 한다. 마을의 선소리꾼인 아버지를 닮아 소리를 입에 물고 다니자 당골네 딸을 다리 밑에서 주워 왔다고 놀리기도 했다는데, 그녀의 목청은 보름달이 높이 떠 숯구미산으로 넘어가는 소포리의 겨울밤처럼 청아하다.

그녀가 목청껏 불러제끼는 둥덩에타령에는 남녀간의 은근한 사랑이 배어 있어 어깨춤이 절로 난다. 밤새도록 물레질을 하며 불렀다는 흥그래타령은 알 수 없는 서러움이 켜켜이 쌓여 금방 울음소리로 넘어갈 듯싶다.

엄매엄매 우리 엄매

칠월 가뭄에 눈비 같은 우리 엄매

동지 섣달에 호박꽃 같은 우리 엄매

뭣할라고 날 낳았는가

나를 나서 공부를 시킬라믄

글공부나 시켜 주제 일공부를 시켜서

이 고상을 시키는가

……

그 무슨 장단이나 곡조도 없이 목줄기를 타고 곧바로 넘어오는 뜨거운 덩어리, 그것은 노래라기보다는 소리의 육체 그대로였다. 모르긴 해도 진도소리 중에서도 가장 절창일 성싶은데 이곳 사람들은 이런 류의 노래를 흥그래타령 또는 신세타령이라고 부른다.

세련된 가락에 실린 노래가 아닌 개인의 구구절절한 신세타령인 탓에 많은 사람들 앞에서는 좀체 부르려 하지 않고 판이 좋아 부르기 시작하면 부르는 이도 듣는 이도 금방 눈시울이 붉어지는 소리의 원형질이었다. 이 흥그래타령에 박자가 곁들여지면서 육자배기·흥타령·진도아리랑·들노래·상여소리 같은 진도소리가 태어나지 않았는가 하는 생각이 든다.

소포리에는 또 노래 사랑방뿐만이 아니라 걸군악(乞軍樂)이라는 독특한 농악이 전수되고 있다. 임진왜란 당시 적의 첩자를 색출해내던 걸군(의병이나 승병)의 활약상이 농악으로 재현 전승되고 있는 것이다. 이 걸군악은 서산대사가 창안한 진법군악이었다고 하는데 이순신 장군 휘하의 장병들이 소포리 소금막에 머물며 훈련할 때부터 주민들이 대물림하여

소포리 사람들의 신명이 간직된 북

'별 따자 별 따자 하늘 잡고 별 따자' 라는 구음에 맞추어
풍물가락을 배우던 일이 새삼 어제 일처럼 생생하다. 소리에
아둔한 탓에 늘 북장단 하나도 추스르지 못하고 연일
술타령이었지만 새삼스레 그날의 가락들이 가슴속에 살아나는
것은 무슨 까닭일까.

온 것으로 보여진다.

첩보대 임무를 띤 조리중이 적정을 살피며 한삼자락으로 신호를 보내면 상쇠가 쉿소리로 명령을 내려 진법을 구사하여 적을 포위한다. 그리고 포위한 적은 포수가 소리나지 않게 칼로 목을 친다. 효수된 적군의 목을 영기에 매달고 세 번 우측으로 흔들면 집사가 승전고를 쳐 본부에 알리고 징소리가 울려 작전이 종료되는 그야말로 전투적인 놀이이다.

대략 이런 식으로 이루어지는 소포 걸군농악은 정신없이 두들겨 대고 제비처럼 날아다니기만 하는 요즘 농악과는 질적으로 다르다. 내용을 눈여겨보지 않고 흥겨운 가락만을 따지는 사람들에겐 소포농악은 하찮아 보이겠지만 그 속에 어린 선인들의 정신을 이어가고자 하는 소포 사람들에겐 둘도 없는 긍지이자 자랑거리다.

전남 진도군 지산면 소포리에 있다. 진도읍에서 803번 지방도로를 따라 15분쯤 가면 소포리 입구에 이른다. 진도군청 관광과(0632-540-3227)

남근을 깎아 바치는 여신의 마을

우리나라에서 가장 호쾌한 아름다움을 간직한 길, 포항에서 금강산 아랫녘까지 치달아 오르는 7번 국도는 절경 아닌 곳이 없다. 거기 동해바다에 발목을 적시고 살아가는 어부들의 마을이 있다.

눈이 시리도록 짙푸른 바다, 흰 파도와 빨간 슬레이트 지붕, 내려다보면 마을은 원색의 정담을 나누고 있는 듯하다. 살냄새를 나누려는 듯 옹기종기 앉아 있는 사람들의 생애와 오색의 풍어깃발이 바닷바람에 몸을 뒤척이며 해초처럼 싱싱하게 살아 있다. 동해바다는 이렇듯 원시성의 세계다. 아직 문명으로 치장되기 전의 싱싱하고 육감적인 존재 그대로이다.

삼척에서 이십여 리 길. 국토의 등줄기를 이루는 태백산맥이 바다와 함께 굽이치는 그 길에 잠시 차를 멈춘다. 드넓은 백사장이 있어서도 아니고 이름난 선비의 자취 어린 정자가 있는 것도 아니다. 다만 절벽 같은 능선에 올라서서 저 망망한 대양을 바라보고 싶을 뿐이다.

그 고갯마루에 서서 바라보면 세상의 모든 풍경은 스스로 빛을 발하고 있음이다. 나그네가 찾아가는 신남리는 바로 그 한곳에 자리잡고 있다.

활시위처럼 팽팽히 당겨진 해안선에 자리잡은 아늑한 어부들의 마을

해신당 처녀의 애닮은 전설을 들려주는 신남리 할머니

바다가 풍요로웠을 때 그들도 풍요롭고, 바다가 사나워질 때 그들의 삶 또한 고난에
허덕이는 것이었으니 바다는 그들에게 삶의 원천이자 벗어날 수 없는 원죄의
덩어리이다. 살아서는 이승의 무대이지만 죽어서는 저승의 무덤자리가 되어
버리는 바다. 갑작스런 파도에 휘말려 사라져버린 생애가 이 바다에는 또 얼마나
묻혀 있던가.

신남리. 포구에는 스무 척 남짓의 배가 정박해 있고, 바위섬에는 물질하는 해녀들의 휘파람소리가 한가롭게 들려온다. '민박'이라고 씌어진 작은 간판들만 눈에 띌 뿐, 신남리는 아직 동해안의 향수를 느끼게 하는 옛 마을의 운치를 간직하고 있다. 바닷바람에 씻긴 풍경처럼 그들의 심성 또한 맑고 순정하기 그지없다.

행정구역 지명으론 갈산리와 신남리가 합해져 길남 2리로 불리지만, 마을 사람들에게는 여전히 신남리이고 그보다 옛적의 이름인 '섶너울'을 좋아한다. 남향받이 마을을 끌어안고 있는 산세가 마치 울타리처럼 생겼다 하여 붙여진 이름, 그래서 신남리는 울타리를 뜻하는 섶 신(薪)자에 남녘 남(南)자를 쓴다.

삼척 김씨, 전주 이씨, 강릉 최씨 세 성씨가 주류를 이룬 신남리는 무너져가는 농촌의 마을처럼 그렇게 썰렁하거나 궁벽해 보이지 않는다. 동해바다의 기름진 밭이 그들의 양식이었고 누대에 걸친 삶이 오늘 그 바다에서 싱싱하게 살아 있음이다.

바다가 풍요로웠을 때 그들도 풍요롭고 바다가 사나워질 때 그들의 삶 또한 고난에 허덕이는 것이었으니 바다는 그들에게 삶의 원천이자 벗어날 수 없는 원죄의 덩어리이다.

그 바다에서의 세월, 어부들은 새벽바다에 나가 지난 밤 어족들의 잠자리가 되었던 어구들을 거둬 올린다. 대구, 청어, 송어, 명태, 오징어…… 그물코에 걸려 퍼덕이는 고기 떼를 만지면서 감격하지만 또 그 망망한 물 속을 헤매면서 바다가 얼마나 두렵고 외경의 대상인지 확인한다.

살아서는 이승의 무대이지만 죽어서는 저승의 무덤자리가 되어 버리는 바다. 갑작스런 파도에 휘말려 사라져버린 생애가 이 바다에는 또 얼마나 묻혀 있던가.

그래서 어부들의 생애는 늘 초월적인 존재에 의탁해 있다. 바다가 요구하는 다양하고 불안정한 삶의 여정에서 그들은 마음을 바쳐 신에게 기원하는 것이다.

신남리 어부들의 신은 서낭이다. 서낭은 우리나라 어디에서나 만날 수 있는 마을 수호신이지만 그 형태가 돌무더기, 당산나무, 입석과 같은 자연물로 남아 있는 것이 아니라 인격적인 형태로 구체화되어 있다.

또 남서낭과 여서낭이 짝을 이루고 있는데 남서낭은 마을이 내려다보이는 뒷산자락에 자리잡고 있고, 여서낭은 바다로 달려나간 바위산의 끄트머리에 거처를 마련하고 있다. 이들 두 신께는 한 해에 두 번씩 봄치성과 가을치성을 드리는데 여서낭인 해신당에 남근을 깎아 바치는 의식이 전승돼 오고 있다.

마을을 지켜주는 여신에게 남성의 신물을 깎아 바친다는 이 당제는 참으로 미묘하게 원초적 감성을 자극하는 즐거움이 있다.

오늘날 우리에게 성은 다분히 은밀하고 부정적이고 또한 쾌락적이다. 돈을 매개로 사고 팔기까지 한다. 그러나 옛사람들에게 성은 자식을 생산하고, 고기를 잡아 올리고, 곡식을 수확하는 풍요와 신성의 상징이었다. 그리고 거기에는 건강한 성신앙이 깃들어 있다.

신남리는 우리 조상들의 성신앙이 거의 유일하게 마을 공동체의 집단의례로 살아 있는 마을이다. 그 역사는 오랜 세월동안 마을 사람들의 구비전승에 의해 이어져 오고 있다.

지금부터 약 5백여 년 전 이곳에는 엄씨 성을 가진 사람들이 살았다.

그때 마을의 처녀가 장래를 약속했던 총각과 함께 바위섬에 돌김을 뜯으러 갔다가 총각이 점심을 가지러 간 사이 갑자기 북서풍이 불어와 다시 배를 띄울 수가 없게 되었다. 총각은 뭍에서 발을 동동 구를 수밖에 없었고 처녀는 바위섬에서 살려달라고 애를 쓰다가 결국은 파도에 휩쓸려 죽게 되었다. 지금도 그 바다에는 처녀가 애를 쓰다가 죽었다 하여 '애바위'라 부르는 바위섬이 있다.

그런데 처녀가 그렇게 죽은 후 바다에서는 고기가 씨가 마른 듯 잡히지 않았고 젊은이들이 뱃일을 나가 죽어 돌아오기가 일쑤였다. 병고가 잦아지고 인심이 흉흉해지고 근심만이 쌓여가던 어느 날, 마을 노인의 꿈에 처녀가 나타나 "내가 처녀의 몸으로 죽은 것이 원통하니 나의 넋을 서낭산에 모시고 위로해달라"고 선몽을 했다. 그래서 마을 사람들이 그 장소에 향나무를 신목으로 모시고 진수성찬을 마련하여 처녀의 넋을 위로하는 제사를 지냈다.

그런데도 보답은 없고 재앙은 계속되었다. 이때 마을 사람 한 사람이 술에 취해서 "우리가 이렇게 정성을 드리는데도 고기는 잡히지 않고 재앙만 계속되니 과연 너의 존재가 무엇이냐" 하면서 서낭산 신목에다 대고 방뇨를 해버렸다(그 사람은 마을에서 소문난 거물이었다고 한다).

술기운에 화가 나 오줌을 갈기고 왔는데 다음날 바다에 나가 그물을 건져올리니 그물코마다 고기떼가 걸려 있었다. 만선의 기쁨으로 돌아와 곰곰이 생각해 보니 지난 밤 서낭산에 방뇨를 했기 때문에 그렇지 않을까 하는 생각이 들었다. 그래서 다음날도 그곳에 오줌을 누고 바다에 나갔더니 역시 만선이었다.

이 일이 알려진 후, 마을 사람들은 처녀가 원하는 것이 진수성찬의 제물이 아니라 남자의 성기임을 알게 되었고, 남근을 깎아 제물로 바치자 모든 것들이 예전처럼 풍요로워졌다는 것이다.

그 후 마을 사람들은 정기적으로 정월 대보름날과 시월에 정성껏 음식을 장만하고 남근을 깎아 바치는 치성을 드려왔으며, 먼 곳으로 고기잡이를 나가는 사람들은 자신의 생기복덕에 맞추어 수시로 치성을 올린다. 특히 시월 치성은 오(午)날에만 하는데, 이 날은 12간지 중에서 말의 날로 짐승들 중에서 생식기가 가장 큰 동물이기 때문에 특별히 이 날을 선택하여 제를 올린다고 한다.

마을의 수호신인 여신에게 남근을 바치는 이러한 성신앙은 신남리만의 독특한 것이 아니다. 동해안의 여러 마을에 분포했던 신앙의 형태였다. 바닷가 마을의 경우 잦은 해상사고와 자연에 의지하는 생업의 특수성으로 인해 보다 금기가 엄격한 신앙의례가 필요했고 그 대상으로 여신을 주신으로 모시게 된 것이다.

여신은 또 성격이 까다롭지만 그런 만큼 잘 모시면 효험 또한 높으리라 믿었고 여기에 어촌 사람들 특유의 한풀이 의식이 결합된 것이다.

해신당 전설에 등장하는 처녀뿐만 아니라 어부들의 삶에는 대대로 바다에 목숨을 바친 이들이 많았다. 그만큼 가슴에 응어리를 안고 사는 기약할 수 없는 생이었으며 이승에서 누리지 못했던 행복의 의미를 신을 기쁘게 하는 오신 행위로 승화시켜내고 있는 것이다. 이는 어쩌면 신과 자신들을 동일시하고 있는 태도와도 상관되어 있으리라 보여진다. 그리고 그 행복과 즐거움의 상징적인 의미가 남근으로 표현되어 축제의 장을 펼쳐 내고 있는 것이다.

남근은 죽음의 의미가 아니라 언제라도 다시 살아날 수 있는 생명의

해신당에 새로 모셔진 서낭신의 초상화

처녀가 그렇게 죽은 후 바다에서는 고기가 씨가 마른 듯 잡히지 않았고 젊은이들이
뱃일을 나가 죽어 돌아오기가 일쑤였다. 병고가 잦아지고 인심이 흉흉해지고 근심만이
쌓여가던 어느 날 마을 노인의 꿈에 처녀가 나타나 "내가 처녀의 몸으로 죽은 것이
원통하니 나의 넋을 서낭산에 모시고 위로해달라"고 선몽을 했다.

원천이다. 고통이 아니라 무한한 즐거움의 대상이며 거기에 지치지 않는 역동성이 담겨 있다.

어부들은 그런 삶을 기원하며 자신들의 가장 귀한 선물로서 남근이라는 신물(神物)을 바쳐 신을 기쁘게 하는 것이다.

그들은 막연히 머리 숙여 읊조리는 것이 아니라 신을 인간의 자리로 내려오게 하여 함께 어울린다. 부끄러움과 모든 가식의 굴레를 벗어버리고 원초적이고 가장 적극적인 의미에서의 만남을 성사시켜 내는 것이다.

이런 성신앙의 형태와 역사는 우리 기층문화 속에선 보다 폭넓고 깊은 연원을 가지고 있다. 남녀의 성기 형상을 한 자연지형이나 암석을 대상으로 하는 것과 동굴이나 암벽에 주로 남자의 성기를 조각하여 기원하는 것, 그리고 직접 돌이나 나무를 깎아 만들어 낸 남근석이나 알바위 등의 대상물이 그것이다.

이들은 멀리 선사시대의 암각화에까지 거슬러 올라가며 고대인의 무덤 속에서 출토되는 성유희의 조각으로 보아도 매우 성행했던 문화현상이었음을 짐작할 수 있다.

대보름날 신남리는 사뭇 엄숙하면서도 들떠 있는 분위기이다. 제사의 주재자인 당주댁에는 금줄이 내걸리고 황토가 뿌려진다. 서낭당도 깨끗이 청소가 되고 외부인의 출입을 금지하기 위해 금줄과 황토가 뿌려진다. 부정한 일을 당했거나 그것을 보고 온 사람이 서낭신의 눈에 얼쩡거리면 댓바람에 심사가 틀어져 버리고 한 해 동안의 정성이 헛수고가 되기 때문이다.

제사 음식은 당주댁에서 모두 준비하고 남근도 그곳에서 제관들이 함께 깎는다.

제사에 사용되는 남근은 향나무로 깎는다. 서낭신을 비롯한 신남리 일대가 향나무 군락지여서 구하기가 쉽고 향나무는 사람의 살색처럼 발그레한 빛이 감돌기 때문에 깎을수록 사실성을 더해 준다. 마을 사람들은 특별히 향나무의 붉은 색감이 두드러진 부위를 귀두에 위치하도록 깎는 익살을 부리기도 한다.

또 남근이 크고 탐스러울수록 서낭님이 좋아한다고 믿고 하나만 바치는 것이 아니라 5개나 7개를 굴비처럼 엮어서 바친다. 숫자를 홀수로 하는 것은 아랫목에 메주덩이를 말릴 때도 홀수로 맞추어야 하듯이 그렇게 해야만 신성이 깃든다는 믿음에서다.

남근이 바쳐지던 해신당은 따로 당집이 있었던 것이 아니고 서낭산 끝 뾰족한 암봉에 자라고 있던 향나무였다. 예전에는 이 신목에 서낭신이 머물고 있다 하여 여기에다 남근을 주렁주렁 걸어놓고 제사를 지냈다. 1986년 삼척군에서 관광지로 개발하면서 춘향이 사당 같은 해신당을 짓고 초상화를 모셔 놓은 것이다.

일년 중 달이 가장 밝고 크다는 대보름날 밤. 신남리에도 어김없이 그 가득 찬 보름달이 떠오른다. 달은 여성의 상징이자 풍요와 생산을 의미한다. 그리고 그 달 아래서 이 땅의 사람들은 숙명처럼 자신의 소원을 기원하기도 했다.

하얗게 몸을 일으킨 파도가 끝없이 밀려드는 밤바다에 농염한 달빛이 쏟아지기 시작한다. 자신의 모든 기운으로 대지의 기운을 끌어당겨 성장의 박동수를 고양시킨다는 이 교교한 보름날의 달빛, 그래서 뻘밭의 게들도 보름밤이면 욕정을 주체하지 못하고 짝짓기의 향연을 벌인다고 했던가.

나무로 깎은 남근이 주렁주렁 매달린 신남리 해신당

마을의 수호신인 여신에게 남근을 바치는 이러한 성신앙은
신남리만의 독특한 것이 아니다. 동해안의 여러 마을에 분포했던
신앙의 형태였다. 바닷가 마을의 경우 잦은 해상사고와 자연에
의지하는 생업의 특수성으로 인해 보다 금기가 엄격한 신앙의례가
필요했고 그 대상으로 여신을 주신으로 모시게 된 것이다.

그 달빛 아래 산자락이며 수평선이며 마을의 그림자까지 유연한 선으로 살아나는 자정 무렵 신남리의 대표자들이 서낭당으로 향한다.

먼저 마을 뒷산의 남서낭당에 올라 제를 올린다. 백설기와 삼색실과 숭어 문어 우럭 청어 대구 해삼…… 겨울바다에서 건져 올린 진미들을 바치고 축문을 읽은 후 술을 따르고 소지를 올린다.

남서낭에서의 치성이 끝나면 다시 바닷가 서낭산의 해신당으로 옮겨진다. 한층 정성을 들여 만든 음식이 진설되고 굴비처럼 엮은 남근 꾸러미가 올려진다. 그리고 촛불을 끈 후 제관은 당집을 나와 문을 닫고 숨죽여 머리를 조아린다. 남근과 여신이 어우러지는 절정의 순간을 기다리는 것이다. 그리고 남은 절차는 해신당의 처녀신에게 소원을 헤아리는 일뿐이다.

"이 소지는 신창호 선장 이진영 씨 소지입니다. 서낭님 소원성취하였으니 올해는 고기 많이 잡게 해주고 아무 사고 없도록 해주기 바랍니다."

예전에는 서낭제를 지낸 후 제관들이 그곳을 떠나지 않고 바다를 지켜보았다고 한다. 보름달이 뜨면 청어떼가 부지깽이 앞바다에 몰려와 산란을 하기 때문에 그 수정난으로 바닷물이 뿌옇게 변할 정도였다. 제관들이 바다를 지켜보다가 청어떼가 올라와 산란을 시작하면 목청 높여 "청어야 청어야" 하고 소리쳤고 마을 사람들은 잠결에 그 소리를 듣고 일어나 그물을 들러 메고 나가 청어떼를 잡았다고 한다. 모두 서낭신의 조화였고 향나무로 깎아 바친 남근의 효험이었다고 믿었다.

신남리 해신당에 남근을 바치는 치성은 고기잡이에만 효험이 있는 것이 아니라 아들을 낳는 데도 신통력이 있다고 한다.

몇 해 전에 서울에 사는 조모라는 사람이 아들 낳기를 원해 해신당의

남근을 얻어 가 집안에 모셔놓고 정성을 드렸더니 소원대로 아들을 얻었
다고 한다. 그래서 아이 이름을 '신남'이라고 지었다는 얘기가 있다.

강원도 삼척군 원덕읍 신남리에 있다. 삼척에서 울진으로 가는 7번 국도를 따라가다 장
호해수욕장을 지나면 고갯길에 신남리 해신당 이정표가 보인다. 삼척시청 관광과
(0397-574-4242)

위로는 조상을 아래로는 손님을 받들다

위로는 조상을 아래로는 손님을 받들다

무등산 정자문화의 효시가 되는 독수정

정자란 본래 사람이 사는 집이 아니다. 일상생활이 이루어지는
주택이랄 수 없고 양반들이 놀아나던 별장이라고 할 수도 없다.
그렇지만 그곳은 어느 곳 보다 많은 사람들이 머물렀던 장소이고
유서 깊은 역사가 깃들어 있는 공간이다.

청정함을 지키고 세속에 물들지 않다
담양 독수정과 물염정

호남고속도로를 타고 내려가 장성 못재를 넘어서자 가슴을 한껏 벌리고 나그네를 맞아 주는 무등산을 만나게 된다. 찬란한 아침 햇살이 쏟아지고 흰 구름이 피어오르는 날이면 무등은 마치 어머님의 젖가슴처럼 성스러워 보인다. 아직도 역사의 박동 소리가 멈추지 않는 그곳 골짜기에는 밤하늘의 별처럼 빛나는 정자(亭子)들이 자리잡고 있다. 어림 잡아도 20여 개의 정자가 한 지역에 이렇듯 집중되어 있으니 언제부턴가 사람들은 이곳을 자연스럽게 '정자 문화권'이라 불러온다.

'정자' 하면 우리는 양반들이 음풍농월 하던 여흥의 장소로만 생각하기 쉽다. 그러나 정자는 그런 소극적인 의미의 풍류의 산실뿐만 아니라 도학과 문예를 겸비한 선비들의 도량으로 당대 지식인들의 총체적 문화 활동의 장소였다.

특히 이곳의 정자는 조선 중기에 이르러는 향촌 사회에서 성장한 호남 사림의 정치적 거점으로까지 발전했다. 무등산 자락의 정자는 바로 그 시절을 증언하는 문화유산이다. 16세기 이후 호남 사림파가 일구어 낸 학문과 드높았던 문풍(文風)은 바로 이들 정자에서 싹트고 완성되었다고 해도 지나치지 않다. 세월이 흘러 이젠 주인마저 없는 쓸쓸한 빈 집으로 남아 있지만 이곳을 거쳐간 기라성 같은 인물들의 발자취가 곧 우리 지성사의 한 페이지를 장식하고 있는 것이다.

무등산 자락의 수많은 정자 중에서 최초의 불씨가 된 것은 담양군 남면 연천리에 위치한 독수정(獨守亭)이다. 광주호 주변의 저 유명한 정자와 원림인 식영정 환벽당 취가정 소쇄원을 둘러보고 화순 방면으로 가는 길을 따라가면 담양군 남면 소재지가 나온다. 이곳에서 '독수정 원림'이 정표를 만날 수 있다.

독수정은 고려 말 공민왕 때 병부상서를 지낸 서은(瑞隱) 전신민(全新民)이 살았던 곳으로 그 역사가 무려 6백년이나 거슬러 올라간다. 그는 이성계가 쿠데타를 일으켜 조선왕조를 창업하자 한 나라에서 두 임금을 섬길 수 없다고 남하해 몸을 숨긴 선비이다.

정자는 몸을 감춘 옛 주인처럼 나지막한 언덕배기 소나무숲에 묻혀 있다. 훗날 그의 은둔을 기리는 뜻에서 사람들은 이곳을 산음동(山陰洞)이라 부른다.

독수정의 건축적 구조는 정면 3칸 측면 3칸으로 중앙에 작은방 한 칸이 딸려 있는 단출한 모습으로 마을을 등진 북향인 것이 특징이다. 전신민은 아침마다 이곳에서 북쪽을 바라보며 배례하고 망국의 한을 달랬다고 한다. 이는 망해버린 고려 왕도 개경을 향한 그리움이었으리라.

홀로 지키는 집이라는 이름의 독수정. 당호는 "백이숙제는 누구인가 홀로 서산에 절개를 지키며 죽어갔다네." 라는 이백의 시에서 따온 것이다. 변절의 시대를 흔들림없이 살다 간 한 선비의 꿋꿋한 절의정신이 오롯이 담겨 있다. 그는 이곳에 살면서 자신의 처지를 한 편의 시로 남겨 놓았다. 이 애틋한 시가 걸려 있는 독수정. 오랫동안 나그네의 마음을 떠나질 않는다.

자욱이 이는 티끌 시름도 하도 할사
그 어느 구름 숲에 늙은 몸을 숨길고.
머나 먼 천릿길에 흰 머리를 나부끼고
한평생 눈물 지은 하늘은 싸늘해라.
님은 이미 가셨어도 한 많은 봄풀은 돋고
두견은 꽃가지 사이로 달빛을 부르짖네.
이 산골 푸르름 두르고 묻힌 백골 죽어도
두 나라 아니 섬기리 홀로 지킬 집을 짓자.

「독수정 술회」

독수정에서 연천리로 내려와 구비구비 무등산 자락을 넘어가면 화순군 이서면에 이른다. 이곳에 기암절벽과 푸른 물줄기가 어우러져 천혜의 승경을 자랑하고 있는 적벽(赤壁)이 있다.

화순 적벽, 지금은 그 명성이 빛을 바랬지만 무등의 갈메빛 봉우리를 가슴에 안고 옥빛 물줄기에 발을 담그고 있는 이 명승은 호남의 선비들이 사랑했던 최고의 풍류지였다. 또한 방랑시인 김삿갓이 병든 몸을 이끌고 찾아와 "이곳에서 잠들고 싶다"며 닳아빠진 대지팡이를 품에 안고 한 많은 생을 마쳤다는 전설적인 이야기가 전해지는 곳이기도 하다.

그토록 아름다웠다는 적벽의 모습은 동복댐이 들어서면서 찾아보기 힘들게 되었다. 반은 수장되고 반은 수원지를 보호하기 위해 철조망에 둘러쳐져 있다. 다만 화순군 이서면 창랑리 높다란 언덕에 고색 짙은 정자 한 채가 살아 있어 옛이야기를 들려줄 뿐이다.

이름하여 세속에 물들지 않고 청정함을 지키겠다는 물염정(勿染亭).

적벽의 아름다운 경치를 바라보고 있는 물염정

정자가 들어선 자리는 언제 가 보아도 운치가 있다. 바람소리, 물 흐르는 소리, 그윽하고
고색창연한 자태는 날아갈 듯 처연하다. 그 이름도 산이나 강 달 구름 나무 바위가
어우러진 자연의 정취에 흠뻑 젖어 있다. 풍류를 아는 길손이라면 누군들 그곳에
머무르며 세상사 시름을 달래보고 싶지 않을까.

옛사람들의 마음을 좇아 속세의 번잡함을 잠시 묻어두고 정자에 오르면 지난 시절 이곳에 머물다간 사람들의 향기로운 자취가 완연하다. 기둥마다 청류재사(淸流才士)들의 발길이 끊이지 않은 흔적으로 수많은 편액들이 걸려 있는 것이다. 하나 하나 살펴보니 30여 개가 족히 된다. 그 이름들도 김인후 김식 권필 김창협 김창흡과 같은 당대의 거유(巨儒)들이다.

마룻장에 앉아 산천풍경을 바라본다. 눈앞으로 들어오는 바위절벽이 티끌 하나 물들이지 말라는 옛사람들의 호방한 기개를 그대로 전해준다. 저 강물처럼 휘휘 돌아간 붉은 암벽이 다름아닌 적벽이리라.

1778년 화순현감인 아버지를 따라와 남도 땅에 살았던 17세의 다산, 그도 이곳 물염정을 찾아와 날이 저무는 줄도 모르고 술을 따르고 시를 읊은 적이 있었다. 그날 다산 선생이 머물렀을 때는 정자 주변에 대나무 숲이 가득차 그 사이사이 은은하게 드러나는 적벽의 풍치가 무척 아름다웠노라고 기행문에 적고 있다. 그러나 울창했던 대나무숲은 흔적도 발견할 수 없고 적벽의 물줄기는 메마를 대로 말라 있다.

적벽이란 이름은 소동파가 뱃놀이를 하며 천하의 명문 「적벽부」를 지었던 중국 양자강의 적벽에 견주어 호남 사림의 태두였던 신재 최산두가 붙였다. 그런데 화순에는 이 적벽이 두 군데나 있다. 이서면 창랑리의 물염적벽과 장항리의 장항적벽이 그곳.

물염적벽은 암벽보다 강가와 어우러진 풍경이 아름답고 장항적벽은 백 길이 넘게 깎아지른 암벽이 일품이다. 태고적 신비를 간직한 듯한 장엄함을 보여주었던 장항적벽. 하지만 10여 년 전 광주 시민의 식수원인 동복댐을 확장하면서 물 속에 수장되어 옛모습을 잃고 말았다.

물염정은 16세기 중엽, 담양 출신의 정자 주인인 송정순이 지은 것으로 알려졌다. 송정순은 중종·명종 때 성균관 전적, 춘추관 박사 및 구례 영암 금산 등지의 군수를 역임하고 벼슬에서 물러나 이곳에 은둔, 후학들을 가르친 학자로 물염(勿染)이 그의 호.

그러나 일설에는 송정순의 부친 청심헌 송구가 물염정을 지었다고도 한다. 「물염정원운(勿染亭原韻)」등의 시문(詩文)이 송구의 작품이라는데 근거한다.

물염정 정자에 걸려 있는 「물염정원운」 시문에는 작자가 송정순의 외손자인 창주 나무송으로 새겨져 있기도 하다. 하지만 원운이란 창건을 전후한 시기에 씌여지기 때문에 송구의 작품일 가능성이 많다.

어쨌든 창건주가 누구인지 정확히 단정할 수 있는 기록은 없다. 하지만 '국화잎을 따 술독에 띄운다'는 이 시에는 이곳에 머물며 살던 옛 선비의 풍류가 얼마나 멋스런 것이었는가를 잘 보여주고 있다.

몇 칸 띠집을 동쪽 언덕에 짓고 보니
문밖 풍광이 마음에 들어 도연명에 감사한다
강가에 밤비 내려 고기잡이배는 젖고
골짜기 구름 흩날리니 아침 옥봉이 높구나
아이는 낙엽을 모아 붉은 밤을 굽고
아내는 국화잎을 따 술독에 띄우는구나
숲에서 사는 재미 진즉 알았던들
무엇하러 수고롭게 관직에 몸 담았으리

「물염정원운(勿染亭原韻)」

물염정에 담긴 뜻은 티끌에도 물들지 않는다는 것이다

지금 우리에게 정자는 빈 집의 퇴락함으로 남아 있지만 수묵처럼
어둠이 번지는 밤, 정자의 마룻바닥에 앉아보라. 거기 천년
그대로의 뭇별이 쏟아져 내리고 풀벌레소리 귓가에 가득할 때
옛모습 그대로 정자는 살아서 숨쉬고 있다.

벼슬길을 물리치고 향리에 물러앉은 은일자적하는 선비의 일상이 절로 눈앞에 그려진다. 우리 시가에서 가장 아름다운 귀거래사가 아닐른지.

이뿐인가 묵수자(默守子) 유성운이 쓴 「물염정기(勿染亭記)」를 읽어 보면 경외의 마음까지 불러일으킨다.

"이 아름다운 정자가 소문이 나면 구경오는 자 한둘이 아닐진대 만일 누군가가 이곳에서 가무(歌舞)를 즐긴다면 색깔과 소리에 물드는 것이요, 뱃놀이를 한다면 유랑에 물드는 것이요, 잔치를 벌이며 떠들면 공명에 물드는 것이요, 종복을 거느리고 으리으리하게 지나가는 것은 권세로서 이 순결을 물들게 하는 것이 된다. (중략) 마땅히 그 맑은 물결과 안개와 달무리들로 사방이 고요하여 한오라기 티끌도 이르지 못해야만 실로 물들지 않는 정자라 할 것이니 이때 한 사람이 이곳에 오면 마음이 담연해지고 온 생각이 다 비어 맑은 연못의 거울 같은 고요함이 어릴 것이다."

청정하고 고절했던 선인들의 풍모가 수묵처럼 번져 오는 말이다. 이렇게 물염정기를 써 내려간 유성운은 그 말미에 기문(記文)을 짓는 일 또한 글로써 이 순수함을 물들이는 것이 되어 사양했더니 주인이 말하기를 "앞의 네 가지가 속됨에 물든 것이지만 글을 남기는 것은 깨끗함에 물드는 것이니 어찌 같을 수가 있으리오" 하여 삼가 붓을 들어 이 글을 쓰노라고 마무리하고 있다.

이 얼마나 멋스러운 정경인가. 이래서 옛집을 찾아가는 발길은 향기롭기 마련이다.

독수정은 전남 담양군 남면 연천리에 있고 물염정은 하순군 이서면 창랑리에 있다. 광주에서 순천방면으로 가는 남해고속도로 창평인터체인지로 진입하여 고서 사거리, 광주댐, 소쇄원을 지나면 독수정이 자리잡고 있는 담양군 남면 연천리에 이른다. 물염정은 연천리에서 화순온천 방면으로 가다 구산리를 지나 동복쪽으로 우회전하여 2킬로미터쯤 가면 이른다. 담양군청 관광계(0684-380-3253), 화순군청 관광계(0612-370-1224)

설창산 기슭에 자리잡고 있는 양동마을의 고가들

안강평야 굽어보는 자리에 위치한 양동마을은 절제와 규범 속에서도 개성과 다양성을 잃지 않은 조선시대 건축문화의 보고이다. 그 마을에서 우리는 살아 있는 세월의 흔적을 본다. 자연의 이치를 거스르지 않고 산중턱의 구릉을 따라 자리잡은 수많은 옛집과 정자와 서당들. 그곳에서 우리는 빛바래지 않은 세월의 의미를 다시 한번 묻게 된다.

아직도 전설 속의 현인을 기다리다

경주 양동마을 서백당과 무첨당

경상북도 경주시 강동면 설창산 기슭에 자리잡고 있는 양동마을. 1백여 호가 넘는 기와집들이 아직도 늠름한 자태를 간직하고 있다. 금방이라도 갓 쓴 할배들이 흰 도포자락을 날리며 대문을 나설 것 같은 고가들은 물론, 골목길이며 담장이며 마을 조경까지도 옛모습을 잘 보존하고 있다.

이런 마을을 세상사람들은 으레 민속마을이란 꼬리표를 붙여주고 있지만 양동마을은 그런 민속마을들과는 조금 다른 의미를 지니고 있다.

민속마을이 대부분 전통적인 환경과는 어울리지 않는 민박집과 식당과 상점들이 들어서 소란스럽기 그지없는 관광지가 되어버렸지만 양동마을은 아직도 위풍당당한 옛모습 그대로, 조선 양반마을의 전통을 지켜오고 있다.

어떤 이유로 이곳에 이처럼 양반문화의 원형을 간직한 옛마을이 살아남게 되었는지 구체적으로 연구되지는 않고 있다. 하지만 양동마을이 조선시대 역사를 통틀어 열여덟 명의 성현을 꼽았을 때 그 중에 두 명이 이마을에서 배출되었다는 자긍심이 큰 역할을 했을 것으로 보여진다.

특히 양동마을 사람들은 세 명의 현인이 태어난다는 풍수설에 따라 지금도 그 전설 속의 위대한 인물을 기다리고 있다. 그런 긍지와 전통에 대한 믿음이 지난 시절 거세게 몰아쳤던 산업화의 파고 속에서도 의연하게 자신들의 역사를 지켜낼 수가 있었으리라.

양동마을이 자리잡고 있는 지리적인 입지는 흔히 물(勿)자 형국의 명당이라고 한다. 즉 마을의 진산인 설창산(雪蒼山)에서 흘러내린 능선과 골짜기가 한자의 물(勿)과 같은 형세를 하고 있다.

살림집들은 물자형 지형이 만들어 낸 네 골짜기 두동골, 물봉골, 안골, 장태골을 중심으로 몇 개의 영역을 형성하며 자리잡고 있다. 보통의 마을집들처럼 배산임수의 남향받이에 아늑하게 자리잡고 있는 것이 아니라 물자형으로 뻗어내린 산등성이에 굵직굵직한 기와집들이 들어서 있는 것이 특징이다.

이들 살림집들은 조선 초 15세기경부터 조선 후기에 이르기까지 전 시대에 걸쳐 지어진 것으로 시대의 흐름에 따라서 변화되는 다양한 건축적 특징을 보여주고 있다. 또 그 형태와 구조에서도 당시의 신분제적 사회성격을 반영하는 한국 건축사의 보고이기도 하다.

대종가집일수록 높고 전망이 좋은 곳에 자리잡고 그 다음으로 좋은 터는 방계후손들의 집이 차지하고 있는데, 하나같이 이들 대규모의 저택들은 발 밑에 노비들이 살았던 하배집을 거느리고 있는 것이 특징이다. 신분사회의 위계질서가 건축물의 입지선정에서부터 확연하게 드러나 있는 것이다.

그런데 재미있는 것은 양동마을이 대대로 외손들이 번성하는 마을이라는 점이다. 본래 이 마을은 장씨들이 살던 마을이었다고 한다. 고려 말쯤 풍덕 유씨 유복하가 장씨 집안에 장가를 들어 처가마을에 정착하여 큰 부를 이루었는데 무남독녀만을 두어 그의 재산이 사위인 월성 손씨 손소(孫昭)에게 상속되게 된다.

월성 손씨 입향조가 되는 손소는 일찍이 과거에 급제하여 중앙 정계에 진출하였으며, 세조 때 일어난 이시애의 난을 평정한 공로로 2등 공신이 되어 나라로부터 많은 노비와 토지를 하사받는다. 그는 공조참의, 안동 부사, 진주목사을 역임하는 등 가문을 크게 일으켰다.

손소는 슬하에 5남 1녀를 두었다. 첫째아들은 처가쪽의 대를 이었고 둘째아들은 양동에서 월성 손씨의 영광을 일으킨 우재(愚齋) 손중돈(孫仲暾)이다. 우재는 김종직의 제자로 영남 성리학계의 태두로 추앙받고 있으며 3조의 판서 등 최고의 벼슬을 두루 역임한 인물이다.

그리고 손소의 외동딸이 여강 이씨 이번(李蕃)과 결혼을 하여 이번이 처가마을로 들어와 살게 되면서 여강 이씨의 시조가 된다. 이번은 슬하에 세 명의 아들을 두었는데 그 중에 한 사람이 퇴계학파의 선구로 이름을 날리며 동방 5현으로 추앙받는 회재(晦齋) 이언적(李彦迪)이다.

회재는 외가인 손씨의 대종가 서백당(書百堂)에서 출생했는데 이와 관련된 흥미있는 이야기가 전해온다.

손씨의 종가집인 서백당 터를 잡아준 지관이 기름진 땅에서는 큰 인물이 나지 않는다고 물매 사나운 산비탈에 집터를 잡아주며 이곳을 양동마을의 물자형 혈맥이 맺힌 곳으로 삼현선생지지(三賢先生之地)라고 했다는 것이다.

세 사람의 위대한 인물이 태어날 것이라는 지관의 예언처럼 이곳에서는 우재 손중돈과 회재 이언적이 났다. 그리고 이제 마지막으로 세번째의 현인을 기다리고 있는데, 언제부턴가 손씨 집안에서는 한 사람의 현

인을 여강 이씨에게 빼앗겼다고 하여 출가한 딸이 몸을 풀기 위해 친정
으로 오면 해산만은 반드시 다른 집에서 시키는 관습이 생겼다고 한다.

　양동마을의 월성 손씨와 여강 이씨는 이렇듯 세월을 거슬러 올라가면
사돈관계이지만 이 두 집안은 여러 면에서 경쟁관계를 유지하며 살아왔
다. 먼 옛날의 명당터 다툼에서부터 자녀교육을 통한 경쟁에 이르기까지
보이지 않는 갈등과 견재가 심한 편이다.

　어쨌든 이러한 두 성씨간의 대립과 경쟁관계는 마을의 건축물이 축조
되는 배경과 그 건물의 구조와 배치에서도 그대로 드러나 있다. 마을의
가장 큰 골짜기의 언덕받이에 손씨 종가인 서백당과 이씨 종가인 무첨당
(無添堂)이 각각 자리잡고 있다. 마을어귀에는 두 집안의 가장 큰 분가인
관가정(觀稼亭)과 향단(香壇)이 서로 힘겨루기를 하듯이 위용을 드러내
고 있다. 그래서 양동마을의 사회구조를 이해하기 위해서는 무엇보다도
이들 두 집안을 대표하는 건축물들이 만들어지는 배경을 이해하는 것이
필수적이고, 이들 네 곳의 큰집들을 중심으로 답사하는 것이 더없이 좋
은 길잡이가 된다.

　서백당은 양동마을의 가장 깊숙한 골짜기인 안골의 높다란 언덕받이
에 자리잡고 있다. 1458년에 지어진 몇 안 되는 조선 초기의 상류주택으
로 19대째를 이어오는 월성 손씨의 대종가이다. 입향조인 손소가 25세
때 지었다고 하며 사랑채의 이름을 따서 서백당이라 부른다. 서백당은
모든 일에 참을 인(忍)자를 백번 쓰는 심정으로 임하라는 절제의 정신이
담겨 있다.

　건축의 구조는 행랑채 몸채 사당으로 구분된다. 각 건물군은 나지막한
구릉지의 자연 지형을 이용하여 배치되어 자연스러운 위계질서를 갖추고

월성 손씨 종가집 서백당의 사랑채

사랑채의 누마루는 안에서 밖을 내다보는 건축이다. 비탈진 경사면을 따라서 이어지는
담장, 높지도 낮지도 않은 그 사선 너머로 유연한 봉우리 성주봉을 마주하고 있다.
바라만 보아도 기분좋은 사람이 있듯이 바라만 보아도 마음이 넉넉해지는 산이 거기 있다.

있다. 먼저 8칸의 길다란 행랑채 두번째 칸에 만들어진 대문을 들어서면
한 단계 높은 단 위에 ㅁ자형으로 몸채가 모습을 드러낸다. 왼쪽으로 꺾
어져 올라가면 중문을 통해 안채로 들어가고 오른쪽으로 꺾어 올라가면
사랑채 마당에 이르게 된다.

안채와 사랑채는 한 건물 안에 붙어 있다. 안채가 폐쇄적인 공간구조
로 이루어짐에 반해 사랑채는 큰사랑방과 작은사랑방 사이에 누마루를
두어 담장너머 양동마을에서 가장 잘생긴 봉우리인 성주봉을 끌어안고
있다. 사당은 누마루에서 왼쪽으로 올려다보이는 사랑마당 위쪽에 높다
랗게 자리잡고 있다. 비탈진 경사면은 2단의 화계로 처리하여 화초와 나
무를 가꾸어 소담한 정원을 꾸며 놓았다.

서백당은 규모나 가구수법이 화려하거나 위엄스럽지는 않지만 조선
초기 사대부 주택의 절제성을 잘 간직하고 있다. 특히 사당앞의 정원과
안채 후원의 정원 그리고 사랑마당을 지키고 선 5백년 수령의 향나무가
소박하면서도 유현한 분위기를 자아내 양동마을의 살림집에서는 가장 아
름다움 품격을 갖추고 있다.

무첨당은 물봉골 언덕받이에 자리잡은 여강 이씨의 대종가이다. 종손
들이 생활하는 몸채와 별당채 그리고 그 뒤편 가파른 계단으로 올라가는
이언적의 별묘 사당채가 각기 독립적인 영역을 차지하고 있다.

몸채는 서백당 안채처럼 ㅁ자형 구조를 이루고 있다. 무첨당이라 불리
는 별당채는 몸채를 압도할 만큼의 크기와 위엄을 갖추고 있는 점이 특
징이다. 본래는 작은 규모의 몸채가 이번이 살았던 이씨의 종가였는데
회재가 입신한 후 큰 별당채가 들어서고 죽은 후에 가묘인 사당이 들어
서 현재와 같은 대종가의 규모를 갖추게 되었다.

보통 별당채로 지어진 무첨당과 같은 건물은 살림채의 안쪽이나 외부인의 눈에 잘 띄지 않고 접근이 어려운 곳에 두기 마련이다. 하지만 당당한 규모로 전면에 내세워 지은 데에서 당시 회재가 지녔던 정치적인 힘을 가늠해볼 수 있다.

건물의 구조도 중심부에 시원스럽게 6칸 대청을 배치하였고 높다란 누마루를 돌출시켰으며 추녀를 훤칠하게 들어 올려 호방한 분위기를 자아내도록 했다. 무첨당에서 건축주로서 회재의 뛰어난 안목을 느낄 수 있는 점은 이런 개방성과 함께 누마루 앞쪽으로는 널문을 달아 외부의 시선을 차단하고 마당쪽을 바라보게 하여 그윽하면서도 내면적인 공간을 연출하고 있는 점이다.

관가정(觀稼亭)은 양동마을 초입 물봉의 언덕받이에 자리잡고 있는 우재 손중돈이 별장으로 지었던 집이다. 외부에서는 그 모습이 그다지 눈에 띄지는 않는다. 산 언덕의 경사지를 넓게 깎아 단을 만들고 건물을 깊숙이 앉힌 까닭이다. 누마루에 올라보면 형산강과 안강평야 일대가 한눈에 내려다 보인다. '농사짓는 풍경을 바라보는 정자'라는 이름답게 시원스런 전망을 확보하고 있다. 이 집이 살림집이면서도 동시에 정자 기능을 위해 지어졌음을 유감없이 보여주는 입지선정이라 할 수 있다.

전체적인 생김새는 ㅁ자형에 앞쪽 좌우로 날개가 나온 형태이다. 중문을 가운데 두고 서쪽에 사랑채가 동쪽과 북쪽에 안채가 위치해 있다. 사랑채는 방 2칸과 대청 2칸으로 이루어졌는데 대청 밑부분의 기단을 낮추고 기둥을 세워 누마루와 같은 효과를 거두었다. 동시에 누마루의 옆면과 뒷면에는 널문을 달아 폐쇄성을 확보하도록 했다. 전면은 시원스럽게 개방하여 보다 드라마틱한 주변의 경관을 끌여들여 자연과의 친화성을 한층 높여주고 있다.

향단은 관가정 건너편 산 언덕에 자리잡고 있는 여강 이씨 향단파의 파종가이다. 이 집은 관가정과 함께 양동마을에서 손씨와 이씨가 벌인 건축 경쟁의 결정판이라 할 수 있다.

이들 두 건축은 입지선정은 비슷하지만 건축적인 내용은 너무나 대조를 이루고 있다. 좌향부터가 135도 틀어져 있으며 관가정이 자신의 몸을 감추며 절제와 규범적인 사유를 담고 있다면 향단은 보다 자신의 모습을 드러내 보이는 과시적이고 파격적인 형식을 취하고 있다.

향단은 회재 이언적이 경상감사로 재직할 때 지은 건물. 전성기 시절 그가 누렸던 권세를 유감없이 보여주는 작품이다. 50년 전에 지어진 외삼촌의 관가정에 대하여 경쟁적으로 그 크기를 돌출시켰다고 볼 수 있는데 이는 손씨들이 주도하는 고향마을에 자신과 가문의 입지를 세우기 위한 건축적인 도전으로 보여진다.

이 집은 훗날 그가 전임지로 떠나면서 동생인 농재 이언괄에게 물려주어 농재의 후손들이 현재까지 대를 이어 살고 있다. 규모가 이씨의 대종가인 무첨당보다 더 커 양동에서는 가장 큰 저택에 해당된다.

건축의 구조는 경사지를 두 개의 단으로 나누어 터를 닦고 위쪽에 몸채를 구성하고 아래쪽에 행랑채를 길게 배치했다. 행랑채와 몸채 사이에는 거의 한 층에 가까운 높이의 차이를 두어 엄격한 계급적 위계를 나타내고 있다. 또 답답할 정도로 바짝 붙어 있기 때문에 행랑채에서 몸채의 표정을 들여다볼 수 없게 되어 있다.

평면구성을 살펴보면 일(日)자와 월(月)자가 합쳐진 용(用)자형 모양을 하고, 이는 하늘의 해와 달을 지상에 있게 함이다. 생기를 복돋워 여

여강 이씨 향단파의 종가인 향단의 내부

이언적이 경상감사 시절에 지은 향단은 매우 과시적이고 화려한
구조이다. 그러나 그 내부는 답답할 정도로 폐쇄적이다.
사랑채에서 안채로 들어가는 길의 절벽 같은 석축과 비좁은
공간은 봉건사회의 계급적 위계질서를 드러내고 있다.

기에 사는 사람들이 부귀를 누릴 수 있다는 풍수사상의 영향을 받은 것
이리라.

✣

경북 경주시 강동면 양동리에 있다. 경부고속도로 영천인터체인지로 진입하여 포항쪽으
로 가는 28번 국도를 따라 안강읍을 벗어나 제2안강대교가 끝나는 지점 신호등에서 왼
쪽으로 진입하면 양동마을에 이른다. 양동마을 안내인 이양길(0561-762-4213)

젊은 미망인처럼 담담하고 외롭다

창덕궁 연경당

텅 빈 마당에 서서 한발짝도 움직일 수가 없다. 왁자지껄한 탐방객의 무리가 썰물처럼 빠져간 자리, 옛집의 마당에는 적요만이 감돌고 있다. 뜰앞 느티나무 가지에 머물던 봄의 전령도 꽃샘추위에 한풀 꺾인듯 우울한 낯빛을 떨구었고 사랑채도 안채도 솟을대문도 모두가 말을 잊은 채 침묵하고 있을 뿐이다.

조선왕조 6백년이 남기고 간 가장 아름다운 살림집. 민족의 이름으로 세련시켜온 주택문화 2천년사는 이 아름다운 결정체 하나를 낳기 위해 존재했다는 찬사가 결코 부끄럽지 않다. 그러나 그것은 아름다움이라기 보다는 슬픔이다. 오열하기 직전의 가느다란 떨림 같은 처연함이다. 아, 거기에는 처마끝으로는 사라져 버린 옛 왕조의 유산이 주렁주렁 매달려 울고 있는 것이다.

이름하여 연경당(演慶堂). 창덕궁의 후원에 자리잡은 궁궐 속의 아흔 아홉 칸 집. 혜곡 선생은 어느날 빗소리에 촉촉이 젖어 있는 이 집을 보고 '마치 젊은 미망인처럼 담담하고 외롭다' 라고 했다. 하지만 오늘 나그네 마음속의 연경당은 싸늘한 시신이 되어 관속에 누워있는 젊은 미망인의 지아비처럼 쓸쓸하고 적막하다.

명당수를 건너 월궁으로 들어가는 연경당 입구

청빈을 미덕으로 살아온 조선시대 사대부의 꿈과 이상이 담겨 있는 집 연경당.
그것은 조선왕조가 마지막으로 피워올린 아름다움의 결정체였다. 그 향기로운
꽃송이에는 오늘 우리 앞에 무너져버린 한 시대의 영광과 비애를 증언하고 있다.

일제히 열어 젖혀진 행랑채의 문들은 백지장 같은 얼굴을 하고 무덤으로 가는 길의 만장처럼 나부끼고. 거기에는 자신의 이상을 피워보지 못한 채 요절해버린 한 왕자의 비원(悲願)이 서려 있는 듯하다.

연경당은 1828년 순조 28년에 당시 왕세자의 몸으로 섭정을 하던 효명세자(후에 익종으로 추존)가 민간생활을 몸소 체험하고 사대부의 이상을 배우기 위해 지은 집이다. 그래서 이 집은 궁궐식 건물이라기보다는 조선시대 사대부 저택의 모습을 하고 있다. 소박하고 간결한 이미지 속에 선비들이 꿈꾸었던 정신세계가 구현되어 있다.

집안으로 들어가기 위해서는 먼저 작은 개울의 돌다리를 건너야 한다. 이는 서쪽에서 들어와서 동쪽으로 흐르는 서입동류(西入東流)의 명당수 개념을 도입하기 위해 의도적으로 조성된 것이다.

여기에는 명당수를 건너 이상향의 세계에서 삶의 뿌리를 내리고자 했던 선조들의 풍수적인 관념이 내재되어 있다. 대부분의 궁궐의 정전이나 사찰의 가람이나 위세 높은 양반집을 들어갈 때면 으레 이러한 개울과 돌다리가 배치되어 있다.

돌다리 주변에는 키 큰 음나무 한 그루와 괴석을 담은 석함이 배치되어 있다. 이것은 주거지와 그 주변의 자연공간을 하나의 정원으로 연결시키기 위한 기법. 괴석을 담은 석함의 윗면 귀퉁이에는 네 마리의 두꺼비가 익살스럽게 조각되어 있다. 여기에도 단순하게 보아 넘기기엔 의미심장한 뜻이 담겨 있다.

옛사람들은 달나라 궁전에는 토끼와 두꺼비가 살고 있다고 믿어 왔다. 두꺼비는 불로불사약을 먹고 신선이 된 항아(姮娥)의 넋이라고 생각했다. 그런 연유로 토끼와 두꺼비는 우리 건축물에서 달나라의 월궁을 상징한다. 자신의 거처를 지상의 월궁으로 만들기 위해 요소요소에 이런 장식들을 베풀어 놓았음이다.

연경당은 이렇듯 신선의 세계를 동경했던 소망이 담긴 집이다. 그 소망은 장락문(長樂門)이란 솟을대문의 이름에도 그대로 반영되어 있다. 달나라에 있다는 장락궁으로 들어가는 입구라는 뜻이다.

장락문을 들어서면 사랑채와 안채로 통하는 중문 사이에 행랑마당이 펼쳐진다. 동쪽으로는 가마나 말을 두었던 가마고와 마굿간의 공간이 있고 서쪽으로는 머슴방이 늘어서 있다.

행랑마당에 들어서면 두 개의 중문이 눈에 들어온다. 오른쪽은 사랑채로 통하는 장양문(長陽門)이고 왼쪽은 안채로 통하는 수인문(修仁門)이다. 그런데 사랑채로 들어가는 장양문은 솟을대문인데 안채로 통하는 수인문은 낮은 평대문이다. 이것은 남자다움과 여자다움을 엄격히 구분했던 조선시대다운 발상이다. 사랑채와 안채, 기둥에 얹은 도리도 마찬가지다. 사랑채의 도리는 둥근 것을 썼고 안채의 도리는 네모난 것을 썼다. 남자는 하늘이기에 둥근 것으로 상징하고, 여자는 땅이기에 네모난 것으로 상징한 것이다.

장양문을 지나 사랑마당으로 들어서면 사랑채가 한눈에 들어온다. 정면의 높다란 화강석 기단 위에 산뜻하게 처마를 펼치고 앉아 있는 당당한 자태이다. 왼쪽으로는 사랑방이 있고 오른쪽으로는 대청과 누마루가 있다. 사랑대청을 비롯한 모든 문들은 들어올려 걸쇠에 걸거나 자유롭게 여닫을 수 있도록 했다. 폐쇄성과 개방성이 공존하는 우리나라 건축의 특징을 잘 보여주고 있음이다.

안채와 사랑채는 나지막한 내외담으로 구분되어 있으나 건물은 한 몸

엷은 햇살이 어리는 사랑채 누마루의 창

창호는 닫혀 있으면서도 열려 있다. 온 누리의 빛을 통과시키고 공기와 소리를 드나들게 하고 그 내부에서의 삶의 모습까지 은은하게 드러나게 한다. 안온하면서도 못견디게 그리운 추억을 담고 있는 창호. 머루알같이 까만 밤이면 고향집 어머님 곁에 누워서 수런거리는 대바람소리와 끼룩끼룩 창공을 날아가는 기러기 울음소리를 듣고 싶어진다.

채로 이루어졌다. 안방에 앉아서도 사랑채의 뒷방까지 훤히 보이도록 했다. 이는 바깥어른의 일상을 파악할 수 있도록 한 구조이다. 굳이 시키지 않아도 손님 접대는 안사람이 알아서 준비할 수 있는 실용성을 갖춘 셈이다.

안채의 구조는 일반 사대부 주택과는 조금 다르다. 부엌이 딸려 있지 않은 대신 부엌자리에 누다락을 두어 사랑채의 누마루에서처럼 여성들도 시원한 여름을 보낼 수 있도록 했다. 안채 뒤편 작은 울타리 안에 있는 반빗간은 음식을 장만하고 물품을 관리하던 곳. 고려시대까지만 해도 귀족들의 주거에는 이렇게 부엌 구조를 별도로 확보하고 있었다.

사랑채 동쪽에 위치한 선향재(善香齋)는 독서실과 서고를 겸한 건물로 자녀들의 교육이 이루어지던 서당과 같은 기능을 했다. 그리고 그 뒤편으로 연경당의 후원 공간이 펼쳐지기 시작하는데 사랑채나 안채 공간에서 느껴지는 엄숙하고 단아한 분위기와는 사뭇 다른 풍류가 깃든 공간경영을 보여준다. 나지막한 동산을 층층이 화계(花階)로 처리하여 화초와 나무를 가꾸었다. 그 위 높다란 대 위에 날아갈 듯한 정자 한 채를 지어 놓았다.

무릇 연경당이 보여주는 참된 아름다움의 가치는 이런 구조적이고 기능적인 쓰임새와 상징적인 면에만 있는 것은 아니다. 그것은 한국문화 전반에 흐르는 특징처럼 그 전체의 분위기에서 느껴지는 아름다움이다. 어느 곳 하나 거추장스러운 위엄이나 호사를 부리지 않으면서도 기품과 세련된 미의식을 전해주는데, 거기에 그 어떤 시새움이나 누추함이 스며들 리 만무하다.

이 아름다운 집 연경당을 지은 효명세자는 열아홉 살 때부터 아버지 순조의 명으로 섭정을 하며 능력을 발휘한 촉망받은 인물이었다. 성군이 될 자질과 능력을 인정받아 정조가 승하한 뒤 중심을 잃고 표류하던 왕권이 다시 소생할 전망까지 보이는 듯했다

그러나 불행하게도 권좌에 오른 지 4년 만에 스물두 살의 나이로 요절하고 만다. 정국은 다시 혼미의 늪 속으로 빠져들었고 나라의 운명은 세도정치의 발호 속에 몰락의 길을 재촉하고 만다. 돌이켜보면 그것은 꺼져가던 불꽃이 피어올린 마지막 숨결 같은 것이었으리라.

역사 속에서 단 한 번도 주목받지 못하고 또 검증받지도 못한 왕세자의 짧았던 생애. 나그네는 연경당 텅 빈 마당의 적요 속에서 망부석처럼 서서 전율마저 느껴야만 했다. 그것은 젊은 넋이 혼신의 힘을 다해 피어올리고자 했던 꿈이 단아하고 간결한 건축미 속에 살아있기 때문은 아니었을까. 그건 분명 연경당이 아니라 회한으로 가득 찬 눈빛으로 나를 쏘아보고 있던 효명세자의 미이라 같은 것이었다.

그는 못다 피운 할아버지의 꿈이 깃든 규장각 뒷산 기슭에 단출한 정자를 짓고 독서에 열중했었다. 금마문을 지나 연경당으로 오르는 길가에서 마주치는 기오헌(寄傲軒)과 의두각(倚寶閣)은 왕세자 시절, 규장각의 책을 가져다 보며 자신의 의지를 가다듬었던 곳. 단청을 하지 않은 소박한 백골집(白骨宅)이다. 한 나라의 왕이 머물렀던 자취라고는 도저히 믿어지지 않을 만큼 작고 초라한 집이지만 우리나라 궁궐건축에서 다시 없이 사랑스러운 유산이기도 하다.

보는 이에 따라 연경당과 이 집은 조선 후기 약화된 왕권을 상징하는 징표로 보기도 한다. 모름지기 왕은 왕다워야 하는 법. 왕이 사대부의 집을 본따 이런 집을 짓고 사대부의 생활을 흉내낸 것은 세도가의 힘에 이

연경당 앞 애련지 위에 발을 담근 정자

아름다운 산과 풍요로운 숲이 어우러진 연경당 정원에는
명당수를 갈무리한 연못이 있고 그 연못 위에는 자연에서 와서
자연으로 사라져버릴 것 같은 정자 하나가 소슬하다.
옛 주인은 이곳에 앉아 향을 사르고 나라일의 도리를
생각했다고 하니 그 마음이 더욱 향기롭다.

끌려다니던 순조시대의 실추된 왕권을 반증한다는 것이다.

그러나 그렇게만 보아주기에 연경당은 너무나도 청초하고 단아하고 우아한 기품을 지녔다. 거기에는 한 시대를 관통하는 사유와 철학과 예술혼이 깃들어 있고, 보다 적극적인 자세로 삶을 향유하려 했던 새로운 시대정신이 담겨져 있다.

그것은 성리학을 지도이념으로 했던 조선왕조가 일관되게 추구해온 이상적인 인간상이었던 사대부의 삶이었는지도 모른다. 현실 속에서 이상을 꿈꾸던 지식인의 표상이었던 선비정신, 그 수기치인(修己治人)의 정신으로 다시 학문을 도야하고 인격을 수양하여 공명정대하게 정치를 펼칠 수 있는 미래를 꿈꾸었을 지도 모른다.

사대부가 갖추어야 할 덕목이야말로 조선왕조를 지탱한 거대한 뿌리였다. 이 정신이 타락하고 무너졌을 때 나라와 백성은 도탄에 빠졌고 주구들이 날뛰기 시작했다. 조선 후기는 바로 그런 혼란과 누란의 시대였다. 더러는 권력의 늪에 빠져 허우적거리고 더러는 개혁의 칼날을 벼리며 후일을 도모했지만 난마처럼 엉킨 정국은 안개 속에 표류하고 있었다.

이때 그 혼돈의 뼈아픔을 누구보다도 절감했을 젊은 왕세자. 그가 가슴속에 품었던 생각은 무엇이었을까. 절망이었을까 희망이었을까.

혼돈과 절망의 시대에 이룩한 역사치고는 너무나도 완벽한 절정의 순간을 보여주는 이 아름다움의 실체. 거기에는 분명 왕 스스로가 청빈과 검약의 정신을 실천하고자 했던 치열한 시대정신이 담겨 있다. 그것은 개혁군주 정조의 개혁정치가 뿌려놓은 새로운 시대의 예감이자 근대성으로의 깃발이었다.

그러나 19세기 조선왕조는 이 아름다운 꿈을 꽃피우지 못한다. 왕가

의 뒤뜰에 쓸쓸한 집 한 채만을 남겨 놓은 채 황량한 역사 속으로 사라져
버린 것이다.

서울시 종로구 와룡동 창덕궁 후원에 있다. 전철 3호선 안국역에서 내려 현대그룹 건물
쪽으로 5분쯤 걸어가면 창덕궁 입구에 이른다. 매주 월요일 휴관. 창덕궁 관리사무소
(02-762-9513)

구름 속에서 학이 노닐다

구례 운조루

겨울, 지리산 자락은 한가롭기 그지없다. 산등성이와 계곡마다 사람들이 넘쳐나던 꽃피던 시절에 비하면 산이 정말 텅텅 비어버린 느낌이다. 그러나 겨울 지리산이야말로 사계절 중에서 제일 지리산답다. 골짜기마다 수많은 사연들이 깃들어 있고 역사의 아픔이 배어 있는 지리산. 그 진면목은 거친 바람소리가 휩쓸고 다니는 겨울날에 찾아가야 제맛이 난다. 이곳 산자락에는 세월의 연륜이 켜켜이 쌓여 있는 고찰과 유서 깊은 옛 마을의 고가들이 많다. 그 중에서도 화엄사 골짜기와 피아골 골짜기 중간 지점에 자리잡고 있는 토지면 오미리의 아흔아홉 칸 집 운조루(雲鳥樓)를 빼놓을 수 없다.

구례에서 하동으로 가는 19번 지방도로를 따라 5킬로미터쯤 가면 지리산 자락이 펼쳐내는 기름진 들판을 만나게 된다. 행정구역으로는 구례군 토지면. 이곳은 어떤 가뭄에도 물 걱정 없이 농사를 지을 수 있다 하여 '종자뜰' 또는 '구만리들'이라고 부르기도 한다.

뒤쪽으로는 지리산 노고단에서 뻗어나온 형제봉과 왕시루봉이, 앞으로는 섬진강이 굽이치는 곳에 충적평야가 형성되어 있어 첫눈에도 풍요로운 기운을 느낄 수 있다. 그래서 옛사람들은 이곳 어딘가에 천하대지

(天下大地)가 있다고 믿어왔다.

이른바 우리나라 3대 명당 중의 하나로 꼽히는 금환락지(金環落地)가 바로 그곳이다. 그래서 이곳 마을의 역사를 추적해 보면 대부분이 명당 터를 잡기 위해 외지에서 들어온 내력을 지니고 있다.

특히 세상이 어지러울 때면 난세를 피해 찾아드는 사람이 많았는데 이에 대한 좋은 기록이 있다. 일제시대 조선총독부에서 조사한 토지면 가구수와 인구변동의 연도별 통계를 살펴보면, 1918년 70호에 350명이었던 인구가 1922년 148호에 744명에 이르고 있어 이곳을 찾았던 사람들의 대이동을 확인할 수 있다.

나라는 망하고 일제의 수탈은 날로 가혹해지고 난데없이 몰려온 서양 문물이 판을 치는 급류 속에서 갈피를 잡지 못하던 시대. 환란의 시대에 몸을 숨겨 안위를 구하고자 찾아들었던 땅이었다.

당시 사람들이 고단했던 삶을 의탁하고자 했던 비기(秘記)의 내용인즉 이렇다. 구례현 동쪽에 길지가 있다. 이곳에 터를 잡고 살면 무장 천 명이 나고, 문장 만 명이 난다. 백자천손으로 후손이 벌족하여 가히 만 호가 살 수 있는 땅이고, 모든 성받이가 함께 발복할 명당이라는 것이다.

그리고 한반도를 무릎을 꿇고 있는 미인의 형상으로 보았을 때 이 땅의 생리는 여인의 옥음(玉陰)에 해당된다. 때문에 생명력을 잉태하는 곳으로, 또 그 미녀가 잠자리에 들기 전 풀어놓은 금가락지와 같은 모습으로 금환락지(金環落地)라는 애칭으로 불렸다.

가락지란 여인네가 목숨처럼 간직하는 정표로서 성행위를 할 때나 출산할 때만 풀어놓는다고 한다. 때문에 가락지를 풀어놓았다는 것은 곧바로 생산행위를 뜻한다. 곧 풍요와 부귀영화가 샘물처럼 마르지 않는 땅

오미리 마을 앞 정자에서 바라본 금환락지

남한 땅 삼대 길지 중의 하나인 금환락지는 노고단에서 흘러내린 용이 섬진강을 끌어안은 모습이다. 뒷산 앞내로 어우러진 터에 들판은 기름지고 강 건너 오봉산은 머리를 조아리는 신하의 형국. 사람들은 이 땅을 가리켜 지리산 선녀가 섬진강에 떨어뜨린 금가락지라고 한다.

이라고 해석을 하게 된 것이다. 토지면(土旨面)의 지명도 본래는 가락지를 토해냈다는 토지면(吐指面)이었는바 모두 이와 같은 풍수지리에서 비롯된 의미들이다.

흔히 아흔아홉 칸으로 불리는 구례 오미리의 대저택 운조루(雲鳥樓)는 금환락지의 생리를 찾아 만들어진 호남지방의 대표적인 양반주택이다.

집을 지은 이는 삼수공(三水公) 유이주(柳爾胄)이다. 1726년 경북 안동 출신으로 28세 되던 1753년(영조 29년)에 무과에 급제하여 낙안군수와 삼수부사를 지낸 무관이다.

어렸을 때부터 기개와 힘이 뛰어났다. 과거시험을 보러 가는 길에 문경새재에서 호랑이를 만났는데 채찍으로 호랑이의 얼굴을 내리쳐 쫓아버렸다는 일화가 전할 정도로 담대했다. 또 벼슬에 있을 때 남한산성을 보수하고 함흥성을 축조하는 등 대규모 토목사업에 봉직하여 운조루 창건자로서 손색없는 경력을 갖추기도 했다.

창건 당시의 상황을 실감나게 말해주는 유이주의 행장에는 "세상 사람들이 이 오미동 집터를 길지라고 했으나 바위가 험하여 누구도 감히 집터로 활용하지 못한 것을 공(公)이 '하늘이 이 땅을 아껴두었던 것은 비밀스럽게 나를 기다리신 것이리라' 고 말하고 수백 명의 장정을 동원하여 터를 닦았다"라고 나와 있다.

유이주가 이곳을 발견하게 된 계기는 구례에서 멀지 않은 낙안군수로 재직했던 시절 금환락지 명당 이야기에 매료되었기 때문으로 보여진다. 관직에서 은퇴한 후 세거를 이룰 작정으로 땅을 구입하고 건축사업을 벌인 것으로 보여지는데 그 내용이 손자 유덕호가 쓴 수록(手錄)에 자세하게 밝혀져 있다.

창건 당시 이곳 사람들의 입에 금환락지 명당과 더불어 진흙 속에 금거북이가 묻혀 있다는 금구몰니(金龜沒泥)와 금, 은, 진주, 산호, 호박과 같은 다섯가지 보물이 쌓여 있다는 오보교취(五寶交聚) 등 3대 진혈이 있다 하여 관심을 끌었다고 한다.

이 세 명당은 오미리 구만리들에서 상대 중대 하대를 이루고 있는데, 운조루 주인은 자기집 안채가 금구몰니이고 금환락지는 행랑채 밖 연못 자리이고 오보교취는 면소재지의 숲 속에 자리잡고 있는 돌탑자리라고 믿고 있다.

그렇지만 운조루 아랫마을 환동(環洞) 박부자집에서는 자기네 집터가 금환락지라 주장하며 집 주변에 금가락지를 상징하는 둥근 돌담과 대숲을 조성해 놓았다. 또 오미리보다 한참 아래 섬진강 쪽에 위치하고 있는 원내리 사람들은 자기네 마을 터가 오보교취의 하대라고 생각하고 있고 그 옆 금내리 사람들은 금가락지가 자기네 마을에 있기 때문에 금내리라고 말하는 등 구만리들은 도선국사가 풍수지리를 깨우친 탯자리답게 흥미진진한 이야기들을 간직하고 있다.

운조루는 1776년 건립되어 잘 보존되어온 호남지방에서 보기 드문 양반가의 호화로운 주택이다. 운조루의 규모와 구성을 추정하는 데는 운조루 창건 당시의 조감도와 같은 〈전라구례오미동가도(家圖)〉라는 그림이 남아 있어 그 원형을 살필 수 있다.

건물의 전체적인 구성은 一자형 행랑채, T자형 사랑채, �口자형 안채가 연이어져 있고 동북부에는 사당이 자리잡고 있다. 7백평이 넘는 대지에 방형의 담장을 두르고 있으며 남향의 건물들이 동서와 남북의 축을 주방향으로 직교하여 비를 맞지 않고도 전체를 돌아다닐 수 있을 만큼 일체

지리산 자락에 자리잡은 운조루

운조루 아흔아홉 칸 집은 7년에 걸쳐 진행된 대역사였다. 함흥성 오위장이었던
창건주 유이주는 축지법으로 하룻밤 사이 천릿길을 오가며 목수들을 독려했다.
나라법이 지엄할 때는 대군은 60칸, 공주는 50칸, 높은 벼슬아치는 40칸,
일반 서민은 10칸 집을 넘을 수가 없었다. 운조루 아흔아홉 칸이 완성되자 반란을
꾀하는 무리가 궁궐을 짓는다는 소문이 떠돌았다고 한다.

화되어 있는 뛰어난 구성을 보여준다.

먼저 집안으로 들어서기 전 솟을대문과 행랑채 앞쪽에 사철 맑은 물이 흐르는 실개천과 연못이 조성되어 있다. 지리산 문수골에서 흘러내리는 이 물길은 운조루의 내수구로 외수구에 해당하는 섬진강의 흐름에 역수(逆水)로 흐르게는 명당수이다. 연못은 남쪽의 산세가 불의 형세를 하고 있어 화재를 예방하기 위한 비보책으로 여기에 배롱나무와 같은 조경수를 심어 운조루의 외원(外苑)을 연출해냈다.

사랑채는 널찍한 사랑마당을 중심으로 큰사랑채와 아랫사랑채 그리고 그 옆으로 안사랑채가 T자형으로 배치되었는데 현재 안사랑채는 소실되고 없다.

바깥주인이 생활하며 찾아오는 손님들을 맞았던 큰사랑채는 방과 대청과 누마루가 연이어져 마치 날개를 펼친 듯 배치되어 있다. 이곳 누마루에 올라서 보면 저멀리 섬진강 건너 오봉산 줄기가 엎드려 절을 하는 듯한 형세를 보여준다.

사랑채 마당에는 서쪽 담장 곁에 동백나무, 매화나무, 산수유나무 등이 우거진 정원이 꾸며져 있다. 축대 주변에는 회양목, 꽃석류, 박태기꽃 등이 심어져 한층 여유러운 공간을 만들어 주고 있다. 이들은 사랑채 마루에서 바라보는 관상수의 역할을 하고 있지만 대문이나 행랑채에서 봤을 때는 마루 밑의 어지러운 부분을 감추고 사랑채의 유현한 분위기를 만들기 위한 것으로, 운조루 건축주가 뛰어난 안목의 소유자였음을 보여주는 예다.

안채는 중문간을 통하여 사랑채와 연이어져 있고 안방과 대청 건넌방 다락 곳간 등으로 구성되어 있다. 안방은 안주인의 거처이자 침실이며 대청은 안방과 건넌방 사이에 위치하여 제사와 같은 집안의 큰일을 치루는 중심공간이다.

또 안방의 난방과 주방의 역할을 겸하는 안방부엌과 평상시 난방만을 하는 건넌방부엌이 있다. 안방부엌은 재래식으로 조왕신까지 모셔져 있으며 건넌방부엌은 보일러로 개조되어 있다. 두부를 잘라놓은 듯이 네모 반듯한 마당 아래쪽에는 부잣집 살림규모를 한눈에 알 수 있는 장독대가 있고, 안방부엌 앞 처마 밑에는 허드렛물을 받았다가 사용하는 수조와 맷돌이 옛모습 그대로 남아 있다.

운조루의 건축적 특징은 누마루방이나 누다락방을 두어 스케일이 웅장한 궁전주택의 형식을 따르면서도 공포와 같은 장식적 의장을 생략하여 소박한 멋을 잃지 않고 있는 점이다. 정남향의 툇마루에 앉아 있으면 행랑채 기와지붕 너머로 안산격인 오봉산이 유유히 흘러가고 햇볕은 처마 깊숙이 들어와 더없이 따사로운 기운을 뿜어준다.

운조루란 명칭은 사랑채 누마루에 걸려 있는 당호 중의 하나로 구름 속의 새처럼 숨어사는 집이라는 멋스런 의미를 담고 있다. "구름은 무심히 산골짜기에 피어오르고, 새들은 날기에 지쳐 둥우리로 돌아오네"라는 도연명의 시, 귀거래사(歸去來辭)에서 따온 것이다.

명당터 덕을 보았는지 이 집안은 대대로 부를 유지하며 가문의 명예와 권위를 드높였고 양반가로서의 특권을 누려왔다. 창건주 유이주가 후손들에게 재산을 분배하면서 남긴 기록을 보면 최소한 78칸에서 1백여 칸에 이르는 대규모의 건물이었으며 한때는 1백여 명의 식솔을 거느리기도 했었다.

그러나 지금 운조루 문화 유씨 종택은 기울대로 기운 집안이다. 99칸

밖에서 안을 들여다 볼 수 없는 폐쇄적인 구조의 안채

역사의 비애 안고 흐느끼는 듯한 지리산 아랫녘에 이 땅에서 가장 쓸쓸하게 저물어가고
있는 집 한 채가 있다. 흰구름 속에 학이 노닌다는 문화 유씨 종가집 운조루, 금환락지에
자리잡아 한때는 영화를 누렸지만 지금은 퇴락할 대로 퇴락하여 길손의 마음까지
아프게 한다.

의 건물은 60칸으로 줄어들었고 농토는 흩어질대로 흩어져 30여 마지기 정도다. 더구나 운조루가 세상에 알려지자 도둑이 들끓어 집안 대대로 내려오던 가보와 많은 유물들을 잃어버렸다고 한다.

일자로 늘어선 행랑채와 웅장한 규모의 솟을대문은 옛날 그대로이나 사람이 살지 않는 폐가처럼 쓸쓸하다. 그나마 집안을 관리하며 유품들을 보존해오던 종손 유종숙 씨가 타계한 후로는 집안의 분위기는 한층 적적해 보인다.

구름 속에 학이 노닐었다는 운조루 누마루는 주인을 잃은지 오래요, 아흔아홉 칸 집 마나님이 거처했던 안채도 집안일을 돌볼 수 없는 부족한 일손 탓인지 폐가처럼 버려져 있다. 대청마루에는 켜켜이 먼지가 쌓여 있고, 기둥마다 적혀 있는 삼강오륜의 문구들도 세월의 무게를 어찌하지 못하고 남루해졌다. 사람의 자취가 끊긴 옛방들은 헛간처럼 퀴퀴하고 을씨년스러울 뿐, 위세 높았던 운조루 대가집의 면모는 어느 곳에도 찾아볼 수가 없다.

이를 일러 세월의 무상함이라 말하던가. 운조루에는 한 세월의 잔해가 고스란히 남아 있다. 저물녘 온 대지에 스미는 황혼의 처연함처럼. 언젠가는 한 줌 재처럼 사그라지고 말 그런 슬픈 빛깔과 함께.

전남 구례군 토지면 오미리에 있다. 구례에서 하동으로 가는 19번 국도를 따라 4킬로미터쯤 가면 오미리 마을 입구에 이른다. 운조루 종손 유홍수(0664-781-2644)

퇴락하여도 당당하고 양명하다

대구 남평 문씨 세거지

영남의 젖줄 낙동강. 그 줄기를 따라 그 강물만큼이나 오랜 연륜을 간직한 옛마을들이 있다. 구미의 쌍암 고가와 북애 종택, 성주의 한개마을, 달성의 삼가헌과 하엽정, 그리고 남평 문씨 본리 세거지…… 이들은 낙동강이 펼쳐놓은 기름진 대지를 거느리고 저마다 산수 좋은 터를 골라 뿌리내린 이름 높은 양반들의 마을이다. 키를 훌쩍 넘기는 높은 담장과 완강한 솟을대문, 목리(木理)가 드러나 거울처럼 반짝이는 마룻장의 서늘함은 이곳에서 살았던 옛사람들의 삶이 얼마나 의젓한 것이었는지 짐작케 한다.

이제는 더이상 글 읽는 선비의 집이 아니라 땀흘려 논밭을 일구는 농부의 주택이 되어 경운기며 트랙터며 농약병 같은 살림살이가 너부러져 마음을 아프게 한다. 그래도 옛집의 뜨락에는 우리가 그리워하는 한 시대의 역사가 고스란히 살아서 반짝이고 있다.

조선시대 영남은 가히 인재의 보고라 할만 했다. 조선의 인재 반이 영남에 있다는 말이 있을 정도로 많은 인재들이 중앙에 진출하여 정치와 학문을 주름잡았다.

영남의 선비들은 대부분이 향촌사회의 문벌과 학통을 기반으로 중앙

양반가의 권위를 한층 드러낸 남평 문씨 세거지의 담장길

비슬산에서 흘러내린 천수봉 기슭에 자리잡은 남평 문씨 세거지는 삼우당 문익점의
후손들이 터를 잡고 산다. 옛 절터 1만여 평 위에 고래등 같은 기와집 열두 채와
정자 두 채, 군사용 성곽 같은 높은 담장이 조선 양반의 마지막 기개를 보여주는 듯하다.

정계에 진출하였다. 벼슬을 그만 두고 낙향했을 때는 지역에 확고한 경제적 기반이 있었기에 몰락하지 않고 재지사족(在地士族)으로서 유교적 생활관을 실천하며 중앙정계로의 복귀를 꿈꿀 수 있었다. 사화와 당쟁으로 얼룩진 난세를 만나서는 더러 권력에서 소외된 경우도 있었지만 향촌사회에서는 대토지와 노비를 소유한 지주계층으로 사회적 지위를 누려왔다.

또 이들은 자신들의 경제력을 배경으로 한 성씨 집단의 독점적인 지위가 보장되는 집성촌을 건설했다. 흔히 반촌(班村)이라 불리는 마을들이 이러한 예에 속한다. 반촌에서 사족들은 동안(洞案)이나 향약(鄕約)을 통해 지역사회와 문중을 결속했다. 동시에 자신들의 문화생활과 후진양성을 위해 향리와 인근에 정사(精舍)와 재실(齋室) 서원(書院) 등을 건축하여 유교적 이데올로기를 재생산하며 반촌으로서의 권위와 위엄을 구축해 나갔다.

조선 후기에는 이러한 양반지배층의 사회구조가 고착화되면서 여러 가지 부작용이 발생했다. 삼정의 문란으로 표현되는 민중에 대한 수탈구조가 그 대표적인 병폐이다. 민중들은 이에 맞서 민란과 같은 조직적인 저항운동을 벌이기 시작했다. 지배층의 일각에선 대동법과 균역법을 실시하는 등 체제 모순에 대한 개혁이 요구되기도 했다. 그러나 보수적인 정치세력들은 집권자의 가문만이 정권을 독점하는 세도정치로 정치는 더욱 부패해 갔고 급기야 주권마저 일제에 빼앗기는 식민지로 전락하고 만다.

이러한 실정에서도 양반들이 사는 반촌에서는 경직된 성리학적 사고의 틀이 계속 유지되었다. 병자수호조약이 맺어지던 19세기 후반 내우외

환의 시기에도 막대한 경제력이 투입되는 주택건축이 활발하게 진행되었다. 오랜 세월 지역에 뿌리를 내리고 토착화된 양반층은 역사의 흐름에 역동적으로 적응하지 못했다. 오히려 더욱 보수화되었다. 축적된 부를 바탕으로 살림집이나 정자와 같은 제택(第宅) 건축의 신축을 통해 자신들의 존재를 과시하려 했던 것이다.

그러나 이들은 머지 않아 식민지라는 혹독한 시련에 부딪히게 된다. 그동안 정신적 물질적으로 누려왔던 우월한 지위를 일시에 위협당하게 된다. 우선 양반계급이 인정되지 않았기 때문에 각종 면세와 부역의 혜택이 사라졌고 토지조사사업으로 농토를 잃거나 조세부담이 한층 무거워졌다.

또 일제가 표방하는 근대국가의 건설이라는 시대의 변화에 따라 신식학교가 등장, 서당이나 서원 같은 전통적인 교육기관이 쇠퇴한다. 양반사회를 떠받치고 있던 유교적 구심점마저 급속히 무너져가기 시작했다.

물론 재빠르게 일제와 결탁하여 그들의 그늘에서 새로운 부와 지위를 확보해가는 이들도 있었다. 하지만 대부분은 자기영역을 지키기 위해 배타적인 태도를 취하다 점차 기력을 잃고 소멸해가는 것이 조선시대 양반마을의 일반적인 운명이었다.

하지만 조선왕조 5백년의 세월을 지탱해온 양반마을의 역사가 그렇게 호락호락하게 숨을 거둔 것만은 아니었다. 일제 식민치하에서 오히려 마을의 물리적 확장과 발전을 지속한 반촌도 여럿 있었다.

이들은 주택이나 재실 등의 건축 사업을 왕성히 벌여 위엄을 지키고 과시하고자 했다. 이는 양반가의 마을을 있게 한 정신적 지주가 무너지는데 대한 나름대로의 저항이었으리라.

남평 문씨 종가집 사랑채 마루에서 본 풍경

양반집의 윤택한 살림살이는 먼 발치에서 바라보는 기와지붕이 먼저 가르쳐준다.
옹기종기 모여 앉아 정담을 나누는 듯한 용마루와 유연하게 굽이치는 팔작지붕의 맵시
너머로 한줄기 저녁연기가 피어오른다. 나그네의 마음도 따사롭게 정이 솟는다.

특히 조선총독부는 1920년대 말부터 이들 반촌의 지배가 조선의 완전한 지배의 첩경임을 알고 전국의 동족마을을 조사했다. 그리고 일본인들의 이주를 적극적으로 장려했다. 그러나 일제의 의도대로 반촌에서의 일본인 진출이 실패하고 말았다. 그만큼 씨족간의 단결이 강해 외부세력에게는 배타적이었고 문화적 전통과 자존심을 유지하고 있었던 까닭이었다.

대구광역시 화원읍 본리 인홍마을의 남평 문씨 세거지(世居地). 이러한 혹독한 시련기에 오히려 카랑카랑하게 조선 양반의 위엄과 권위를 떨치며 발전한 대표적인 마을이다.

남평 문씨 본리 세거지는 조선시대 반촌 형성에 가장 마지막 단계인 조선 말기에서 일제시대에 걸쳐 형성된 마을이다. 그 배경에는 높은 벼슬이나 권력에 힘입어 이루어진 것이 아니라 18세기 이후 유수한 씨족들이 경제력을 향상시켜 부농층을 형성하면서 집단취락을 형성하는 예에 속한다.

이 마을이 성립되는 과정을 살펴보면 남평 문씨 인홍마을 입향조 문경호(文敬鎬 1812-1874)가 19세기 초반에 지금의 세거지 인근에 자리잡은 뒤, 1834년 지금의 광거당(廣居堂) 자리에 용호재를 지은 것이 그 출발이었다. 그 후 문씨 대소가의 주택들이 들어서고, 1940년대에는 거의 현재의 모습과 같은 아홉 개의 주택과 두 개의 재실이 자리잡은 마을을 형성하였다.

특히 인접한 다른 마을과는 달리 같은 씨족의 상류층 주거지로만 제한되어, 그 전통을 보존하게 된 것은 일반 마을에 거주하는 소작인을 통해 광작농업으로 수천 석을 생산해온 막강한 경제력에 기반한다. 이런 물적

136

토대 위에서 문씨 일가는 전통적인 유교사상을 중심으로 한 조선시대 상류층의 문화를 향유 발전시키고 고급주택과 재실을 건축할 수 있었던 것으로 보여진다.

먼저 마을의 입지조건를 살펴보면, 달성군의 명산 비슬산 지맥이 뻗어 내린 마지막 봉우리인 천수봉 아래에 터를 이루었다. 마을 앞으로 천내천이 흐르고 있어 전형적인 배산임수 조건을 갖추고 있다.

마을 이름이 인흥이라 불리게 된 것은 풍수지리상 마을 동쪽의 산줄기가 인(仁)자 모양으로, 남쪽의 산줄기가 흥(興)자 모양으로 생겼기 때문이라고들 하지만, 사실은 이곳에 자리잡고 있던 인흥사(仁興寺)란 절이름에서 유래했다.

인흥사가 언제 창건된 절인지는 알 수 없지만, 1264년 고려 원종 때 삼국유사를 쓴 일연 스님이 11년 간이나 주지로 있었던 곳으로 유명하다. 본래의 절 이름은 인홍사(仁弘寺)였는데 일연 스님이 새롭게 중창을 하자 충렬왕이 인흥이란 절이름을 하사했다고 한다.

임진왜란 때 불에 탄 후 복원되지 못하고 빈터로 남아 있다가 남평 문씨들의 세거지가 되었는데, 마을 어귀의 서낭당과 같은 돌무더기 탑과 무너진 석탑의 잔해, 주춧돌, 돌구유 등이 옛터의 역사를 말해주고 있다.

고려 말 원나라에 사신으로 갔다가 붓대롱 속에 목화씨를 몰래 들여와 의류혁명을 일으킨 삼우당(三憂堂) 문익점(文益漸) 선생의 후손인 남평 문씨가 대구지역으로 세거한 것은 약 4백년 전쯤으로 추정된다. 문익점의 9세손 문세근이 경기도 파주에서 처가가 있는 대구로 이주해와 영남 지방 남평 문씨 가계의 뿌리가 되는데 그로부터 다시 9세손이 되는 문경호가 분가하여 인흥마을에 정착, 새로운 입향조가 되었다.

수봉정사 대청마루에서 바라본 앞마당

옛집에서 가장 아름다운 것이 문과 창이다. 자연의 공간과 사람의 공간을 경계짓고
나누는 기능을 하면서 동시에 자연의 풍요로움을 내부 깊숙한 곳까지 받아들이는
마음을 가졌다. 하늘 햇살 바람 달빛은 오늘도 그 경계를 넘나들며 여여하다.

인산재(仁山齋) 문경호(文敬鎬)는 국량과 식견이 출중하여 창업수통의 기상이 있는 사람으로 전해지는데, 1840년대를 전후해서 인홍사지 절터를 매입, 초가를 짓고 세거지의 기초를 다졌다. 이 터는 현재 종손 문정기 씨가 살고 있는 집인데 인홍사의 대웅전이 있던 자리라고도 한다. 지금도 당시에 사용하던 우물이 있어 고려정(高麗井)이라 부른다.

인산재 이후 인홍마을 남평 문씨 가계에는 경제적인 능력과 함께 학덕과 경륜을 겸비한 뛰어난 인물들이 배출된다. 손자인 후은(後隱) 문봉성과 그의 아들 수봉(壽峯) 문영업이 대표적이다. 이 시기 문씨 일가는 천석을 했다는 인산재를 능가하는 부를 축적, 그 경제력을 바탕으로 1만여 평의 세거지에 고래등 같은 기와집들을 지어나가기 시작했다.

그들은 정전법(井田法)에서 땅을 구획하듯이 우물 정(井)자 모양으로 길을 내고 집을 지어 마치 요즘의 신도시와 같은 계획적인 주택사업을 벌여나갔다. 그래서 이 마을은 어느 전통마을에서도 느낄 수 없는 독특한 분위기를 갖고 있다.

모내기를 하기 위해 써레질을 한 논처럼 평평한 대지 위에 똑같은 크기로 땅을 배분하고 쌍둥이처럼 닮아 있는 건물들을 배치해 놓은 것이다. 이들 공간이 연출하는 분위기는 낯선 방문자에게 몹시 딱딱하고 당혹스럽다. 더욱이 바둑판의 줄처럼 일직선으로 쭉쭉 뻗어 있는 골목길과 키를 훌쩍 넘기는 규모의 흙돌담은 미로 속을 헤매이는 통로를 연상케 한다.

마을이 개활지의 들판에 위치해 있기 때문에 폐쇄적이고 은밀한 공간의 필요는 이런 높은 담장과 골목길을 만들어냈다. 또한 무너져가는 조선 양반의 권위를 지키려했던 몸부림 같은 것도 배어 있으리라.

어쨌든 남평 문씨 마을의 흙돌담과 골목길은 우리나라 어느 곳에서도 찾아볼 수 없는 독특한 구성을 보여주고 있다. 골목길을 따라 걸으면 한 없이 깊고 그윽한 세계로 빨려들어갈 것만 같다. 그것은 조선시대 양반 이 갖추고 있던 엄숙성과 정신적인 깊이는 아니었을까.

인흥마을에서 문씨 일가가 추구했던 문화적 열정은 광거당(廣居堂)과 수봉정사(壽峯亭舍)에서 꽃을 피우게 된다.

광거당은 주거지에서 조금 떨어진 마을 외곽에 자리잡고 있다. 1910 년 용호재를 허물고 그 터에 후은 문봉성이 자제들의 학문과 교양을 쌓 기 위해 건립한 것이다. 수많은 책을 모아두고 선비들을 초대해 공부할 수 있는 장소로 제공하기도 했는데, 일제강점기에는 이 지역 문인들의 시국토론장으로 주목받기도 했다.

좌우에 행랑채를 거느리고 있는 솟을대문, 그곳에 들어서면 마당 앞으 로 헛담이 가로막고 나선다. 이는 광거당 내부가 곧바로 들여다 보이지 않도록 한, 한 방편이었다. 깨진 기왓장과 황토흙을 번갈아가며 물결무 늬를 만들고 그 아래쪽에 소담스럽게 연꽃 한 송이를 배치한 것이 멋스 럽기 그지없다.

가로막고 있는 헛담 우측으로 살짝 비껴 들어가면 앞쪽에 넓은 마당을 두고 동남향한 광거당이 한눈에 들어온다. 삼각형 모양으로 널찍하게 터 를 확보한 담장 밖으로는 아름드리 노송들이 에워싸고 호위한다. 그 안 에는 울창한 대나무숲과 회화나무 배롱나무 오동나무 모과나무들이 그득 하여 속세를 훌쩍 벗어나 있는 듯한 분위기이다. 누마루 처마 밑으로는 수석노태지관(壽石老苔池館)이라 적힌 현판이 걸려 있는데 이 집의 분위 기를 한층 향기롭게 해준다. 추사 선생이 쓴 글로 '수석과 묵은 이끼와

못이 있는 집'이라는 뜻.

수봉정사는 마을 입구에 자리잡고 있다. 1936년 수봉 문영업의 인격과 학식을 기리고 후손들의 교육을 위해 건립한 정사이다. 정면 6칸 측면 2칸의 일자형 겹처마에 팔작지붕을 하고 있는 이 집은 도목수 정원식과 이영순의 이름을 기억해야 할 만큼 잘 지어졌다.

당당하고 양명한 기운으로 가득차 있는 공간. 하지만 바라보는 것만으로도 나그네를 긴장되고 설레이게 한다. 우람한 크기를 내세우지도 않고 있다. 한마디로 우리의 전통건축이 얼마나 튼튼하고 정교하게 지어질 수 있는지를 보여주는 모범이라 할 만하다. 위가 싹둑 잘린 원추형 주춧돌 위에 솟아오른 일곱 개의 느티나무 두리기둥은 지붕의 무게를 기운차게 받쳐주어 시각적 안정감을 준다. 대들보 또한 민가로는 대단히 육중하다. 기둥머리의 주두, 기둥을 가로지르는 둥근 굴도리, 그 위의 서까래 이 모든 부재들이 굵직굵직하고 튼실하다. 어느 곳에서 봐도 건물의 생김새가 대범하고 의젓하다.

마당 한켠에는 정원을 꾸며놓았다. 조산(造山)을 쌓고 거북 모양의 괴석과 두 그루의 커다란 소나무 모과나무 배롱나무 대나무 등을 천연스럽게 배치하여 자연의 한부분을 뜰앞에 옮겨 놓았다. 사각형의 담장 밑에 조성된 화계 위의 매화나무 단풍나무 앵두나무도 계절의 진객, 이 집의 분위기를 한층 운치있게 해준다.

수봉정사는 어쩜 조선시대 양반가의 마지막을 장식하는 건축물이다. 집을 있게 한 사람은 수봉 문영업, 문씨마을에서 배출한 가장 뛰어난 인물이었다. 일생을 책과 더불어 수양에 힘쓴 벼슬에 뜻을 두지 않은 처사. 당대의 석학이었던 심재 조긍섭, 창강 김택영 등과 막역한 교분을 쌓을

수봉정사의 툇마루와 줄지어 선 기둥들

눈 밝은 목수들은 나무가 무엇이 되고 싶은지 알고 있었다.
나무의 성질에 따라 기둥을 세우고 들보를 걸치고 서까래를
올렸다. 양달에서 자란 나무는 남쪽에 세우고 응달에서 자란
나무는 북쪽에 세울 정도로 세심했다.

정도로 학덕과 경륜이 높았던 인물.

그의 존재로 하여 광거당과 수봉정사는 수많은 인재가 모여들던 학문의 전당이 되었고, 사라져가던 조선 양반의 마지막 모습이 그리 처연하지만은 않음을 보여주었다. 특히 그의 사후에 임시정부에서 보낸 추조문과 특발문이 발견되어 그가 남모르게 임시정부의 독립운동을 지원했음이 세상에 알려지게 되었다. 그의 호는 마을 뒷산인 천수봉에서 따온 수봉과 더불어 백의(白衣)의 정신을 지킨다는 수백당(守白堂)이었다.

⚜

대구 광역시 달성군 화원읍 본리에 있다. 구마고속도로 화원인터체인지로 진입하여 5번 국도로 나와 대구쪽으로 가다 1.4킬로미터 지점 다리를 건너자마자 곧바로에서 우회전하여 하천을 따라 2.5킬로미터쯤 가면 인홍마을 남평 문씨 세거지에 이른다. 남평 문씨 종손 문정기(053-637-5416)

위로는 조상을 아래로는 손님을 받들다

안동 양진당과 의성 김씨 종가

어린 시절 추억이 묻어나는 고향이라는 단어를 떠올리면 가슴속에 어김없이 떠오르는 집 한 채가 있다. 마을 한복판에 당산나무처럼 늠름한 모습으로 앉아서 크고 작은 집들을 거느리고 있는 대궐 같은 기와집 한 채. 높고 긴 담장과 좀처럼 안이 들여다 보이지 않는 웅장한 자태의 솟을대문. 금방이라도 카랑카랑한 할배의 기침소리가 들려올 것 같은 위엄을 갖추고 있어 늘 외경의 대상.

그러나 그러한 집들도 세월을 비껴가지 못했다. 담장은 무너지고 이끼 낀 기와지붕에는 잡초가 무성하다. 현대식 가재도구들이 널브러져 부조화를 이룬 모습에서 가슴 한켠이 서늘하게 무너져 내림을 어찌 하랴. 물론 도포자락을 휘날리는 할배도 보이지 않고 사랑채는 텅 비어 있기 일쑤이다.

이런 집을 우리는 종가집이라 부른다. 대부분 씨족집단으로 이루어진 동족마을에서 가장 역사가 오래 되고 마을의 구심점이 되어온 집. 공동의 조상을 둔 자손들로 이루어진 문중의 맏이가 대를 이어 살아가는 살림집으로 흔히 큰집이라 불린다.

오랜 세월 우리네의 전통적인 삶을 지탱해온 공동체 의식이 자리잡고

대청마루가 넓은 의성 김씨 종가집 안채

지체높은 양반가의 고장답게 의성 김씨 종가집의 안채는 늠름하고
엄숙하다. 2층집처럼 높게 뽑아올린 기둥들, 그 아래 시원스런
마룻장으로 펼쳐지는 일곱 칸의 대청은 종가집 안살림의 규모를
짐작케 한다.

있었다. 그 하나는 수평적인 구조의 사회통합을 이루어준 지역주의이고 다른 하나는 수직적인 형태의 사회통합을 이루어준 혈연주의가 근간을 이루고 있다. 그 공동체 의식 저변에는 하나같이 초월적인 존재가 구심점이 되었다. 수평적 통합구조의 구심체는 마을의 수호신인 산신당이나 서낭당 당산나무 장승 솟대 등이었고, 동제나 두레패의 활동도 큰 역할을 했다. 반면 수직적 통합의식은 모두가 개별적인 혈연의식을 바탕으로 한다. 그 실체는 다름아닌 조상신이었다. 집안의 사당에 조상의 위패를 모시고 살아생전의 모습처럼 공경했으며 현실에서의 길흉화복 또한 조상님의 음덕으로 생각할 정도였다. 문중의 대소사는 모두 이런 조상 모시기 의례로 귀결된다. 그리고 그 중심에는 언제나 종가집이 자리하고 있다.

우리나라 종가집은 크게 세 종류로 나뉘어진다. 전체 부계친족집단을 가리키는 대종가와 4대조를 중심으로 이루어지는 소종가, 그리고 대종가와 소종가 사이에 집단적인 동질성을 가지는 파종가가 그것이다.

그러나 이렇게 종가집을 따지는 역사는 사실 그렇게 오래된 것은 아니다. 조선시대 중기부터 장자중심의 상속제도가 이루어지면서 제사와 가계와 사회적 지위를 대물림받고 또 친족집단을 통합하는 구심체가 되면서였다. 그리고 대부분 이런 종가집들은 학문이 높았다거나 벼슬이 높았던, 입신한 인물을 중심으로 형성되었다. 우리가 기억하고 있는 소문난 종가집들이 모두 뛰어난 인물들의 고택이거나 조선시대의 대표적인 사대부가인 이유가 여기에 있다.

현재 우리가 찾아가 볼 수 있는 종가집은 전국에 걸쳐 약 50여 채 정도가 문화재로 지정되어 있다. 이들의 면면을 살펴보면 모두가 한시대를 주름잡았던 양반가의 면모이다. 그 속에 담긴 건축적 특성은 전통적인

지리관인 풍수설에 의한 명당터 잡기와 가부장적 가족제도를 비롯한 유교적인 가치관과 사상을 담고 있다.

옛사람들이 마을이나 주택의 입지를 선정할 때 맨 먼저 고려한 것이 풍수지리설에 의한 명당이다. 만물은 생명력의 근원인 기를 가지고 있는데 땅속에 흐르는 좋은 기가 모이는 곳에 집터나 묘터를 정하면 그 생기를 받아서 복된 삶을 누린다는 믿음이 명당론이다. 이러한 풍수의 영향으로 뒤에는 산이 있고 앞에는 물이 흐르는 배산임수의 터에 마을이 형성되었고 이것은 곧 전통적인 가옥배치의 기본이 되었다. 유력한 양반가일수록 이런 명당론에 근거하여 복거지를 찾아서 터를 닦았다. 또한 종가집은 으레 명당과 관련된 흥미로운 설화를 간직하고 있기 마련이다.

종가집의 가부장적 가족제도에 바탕을 둔 유교적 세계관은 그 건축의 구성원리를 살펴보면 유감없이 드러난다. 종가집의 구조는 대부분이 사랑채 안채 사당채 행랑채가 기본이 되고 여기에 정자나 서고 별당이 갖추어져 있는 경우가 있다. 이는 전형적인 조선시대 사대부가의 구성이기도 한데, 여기에는 유교적 가치관과 신분사회의 성격을 구현하기 위한 건축 논리가 여일하게 반영된 것이다.

먼저 사랑채와 안채를 구분하였다. 남자와 여자의 생활공간을 나누고 부부의 침실까지 따로 배치한 것은 유교적인 내외법에 의한 것이며, 사랑채에서도 큰사랑과 작은사랑의 구별은 부권의 계승자로서 장자의 지위를 확인시켜주는 가부장적 가족제도의 산물이다. 또 이름난 종가집의 사랑채일수록 대청마루가 크고 넓은 것이 특징이다. 이는 종가집의 역할 중 가장 중요한 것이 제사를 받들고 손님을 맞이하여 정성껏 대접하는 봉제사접빈객(奉祭祀接賓客)에 있음이다. 많은 사람들이 모여 문중의 대

풍산 유씨 대종가인 하회마을 양진당

솟을대문 너머 사랑채 표정이 엄숙한 양진당은 행랑채 사랑채
안채가 한몸으로 되어 있다. 사랑채와 안채가 하나로 연결되어
있는 경우는 흔하지만 행랑채까지 한몸이 되어 있는 구조는
흔치 않은 예이다.

소사를 논의하는 회의도 종가집의 대청마루에서 이루어졌다.

동일한 주택 내에서의 신분적 위계질서는 채의 나눔으로 나타난다. 주인이 사는 사랑채와 안채는 상의 공간, 노비들이 사는 행랑채는 하의 공간인데 건물의 생김새와 위치에서 엄격한 위계질서를 보여준다.

종가집에서 가장 비중을 차지하고 있는 공간은 조상의 신위를 모신 사당이다. 주택의 입구에서 가장 먼 곳인 조용하고 그윽한 분위기의 뒤란에 자리잡고 있다. 종가집에 따라서는 한 집안에 여러 채의 사당이 존재하는 경우가 있다. 이는 나라에 큰 공을 세웠거나 가문을 빛낸 조상의 위패를 4대가 지나도 물리지 않고 사당에서 계속 제사를 지내는 경우이다. 이런 불천위(不遷位)는 나라에서 정해주거나 유림이 결정한다. 이는 곧 그 집안과 종가집의 영광을 상징하는 것이기도 하다.

풍부한 경제력과 대를 이어 조정에 나가는 정치적 기반을 바탕으로 하는 대부분의 종가집은 크고 화려한 주거를 지향하고 대부분이 비슷한 구조를 지니고 있다. 그러나 기후나 지형의 영향을 받는 자연환경과 문벌 귀족들이 집단을 이루고 경쟁적인 관계를 유지했던 사회적인 환경에 따라서 지역적인 차별성을 보여주기도 한다.

경상북도 안동지역은 조선시대 양반들의 본고장이라 할 수 있다.

이곳의 종가집들은 그 분위기가 사뭇 엄숙하고 권위적이다. 조선왕조 5백년의 역사에서 권력의 주류를 형성했던 영남학파의 근거지로 대학자나 세도가를 무수히 배출한 안동, 이곳은 그들 인물만큼이나 많은 종가집들이 자리잡고 있다. 그 중에서 대표적인 곳이 하회마을의 풍산 류씨 대종가인 양진당(養眞堂)과 임하댐 아래 반변천가에 자리잡고 있는 의성 김씨 대종가이다.

양진당은 풍산 류씨 하회마을 입향조인 류종혜(柳從惠)가 풍산읍 상리에 살다가 길지를 찾아 이곳에 터를 잡고 살면서부터 6백년의 전통이 숨쉬고 있는 종가이다. 임진왜란 때 명재상이었던 서애 유성룡(西涯 柳成龍)이 태어난 곳이기도 하며 그의 맏형인 겸암 류운룡(謙庵 柳雲龍)이 생전에 지은 흔치 않은 조선 전기의 살림집이다.

솟을대문을 들어서면 바로 사랑마당으로 一자의 사랑채가 마주보인다. 정면에는 사랑채의 당호인 입암고택(立巖古宅)이라 씌여진 편액이 걸려 있다. 입암(立巖) 류중영의 고택이란 뜻이다. 사랭채 안에 걸려 있는 양진당이란 당호는 겸암의 6대손인 류영의 아호에서 비롯되었다.

이 집은 조선 전기의 주택으로 하회에서는 보기 드물게 정남향을 하고 있다. 사랑채의 기단을 높다랗게 쌓아 종택으로서의 위엄을 한껏 드러내고 있다. 종가집답게 대청은 너른 6칸으로 꾸몄는데 방과 마루 사이의 장지문을 들어올리면 모두가 하나로 통하는 구조이다. 제사나 문중회의 때 많은 사람이 모여 대소사를 논했기 때문에 이렇게 넓은 공간이 필요했던 것이다.

안채는 전형적인 ㅁ자형 구조로 사랑채 옆으로 난 중문을 통해 들어간다. 사랑마당에서 안마당으로 들어가는 중문에는 내외담을 설치하였다. 공적 영역과 사적 영역을 상징적으로 구분하였으며 7칸의 안대청과 방이 번듯한 양반집의 살림살이를 느끼게 한다.

양진당에는 사랑채 뒤편 널찍한 후원에 두 채의 사당이 있다. 겸암 류운용과 입암 류중영을 불천위로 모시게 되고 부자를 한 사당 안에 모실 수 없다는 법도에 따라 류운용을 별묘에 모셨기 때문이다.

안동에서 청송가는 길목에 위치한 천전리 내앞 의성 김씨 종가는 신라의 마지막 왕인 56대 경순왕의 넷째아들 김석(金錫)을 시조로 모시고 있다. 고려 태조의 외손이기도 한 그가 의성군(義城君)에 봉해졌기 때문에 본관이 의성이 되었다. 그러나 의성 김씨가 안동에 자리를 잡게 된 것은 고려 말엽 김거두가 풍산으로 내려와 살면서부터이다. 그 후 김만근이 임하현의 오씨에게 장가를 들면서 처가가 있는 천전리 내앞마을에 와 살게 되었는데 그 후로 의성 김씨의 집성촌이 되었다.

의성 김씨 종가는 입향주 김만근의 손자인 청계 김진(靑溪 金璡 1500-1580))을 불천위로 모신다. 청계공은 어느 관상가가 "살아서 벼슬을 하면 참판에 이를 것이나 자손 기르기에 힘쓰면 죽어서 판서에 오를 상"이라는 말을 듣고 자신의 벼슬보다는 자손들의 교육에 힘썼다고 한다.

그래서 그의 아들 다섯이 모두 과거에 급제하여 오자등과댁(五子登科宅)이라고 불린다. 그 중에 가장 뛰어난 아들이 학봉 김성일(鶴峯 金誠一 1538-1593)이다. 서애 류성룡과 함께 퇴계의 수제자. 현재의 종택은 본래 아흔아홉 칸이었는데 임진왜란 때 불에 타 학봉이 55칸으로 재건한 것이다.

이 집은 一자형 사랑채와 ㅁ자형 안채 그리고 사랑채에 부속되어 있는 별당과 사당으로 이루어져 있다. 이 집의 전체적인 구조는 몸 기(己)자를 뒤집어 놓은 형상을 하고 있는데 특징적인 것은 사랑채가 전면에 나와 있는 다른 종가집들과 달리 집 전체의 안쪽에 있는 점이다.

사랑채의 이러한 배치는 외부에 개방되지 않는 별당형식으로 궁궐건축의 침전 구성을 연상케 한다. 내부는 강당을 연상케 할 만큼 넓은 6칸의 대청과 2칸의 방이 부속으로 딸려 있다. 이는 제사를 받들고 손님을

의성 김씨 종가집 사랑대청

이름난 종가집일수록 사랑채의 대청마루가 크고 넓다. 제사를 받들고 손님을 접대하는
종가집의 모든 의례가 이곳에서 이루어지는 까닭이다. 그 크기가 무려 아홉 칸이나
되는 의성 김씨 종택의 사랑대청은 사랑방의 4분합문을 들어올려 걸쇠에 걸면 문중의
대소사를 논의하는 회의장이 된다.

맞이하여 정성껏 대접하는 종가집의 기능을 충실히 수행하기 위한 대청 중심의 공간구성을 보여주는 예다.

안채는 다른 사대부의 주택에서 볼 수 있는 중문이 없어 외부와 단절된 구성이다. 부엌쪽에 나 있는 작은 출입구를 거처 들어가야 하는데 좁은 마당에 들어서면 2층집을 연상케 할 정도의 높은 기둥들이 밀집되어 위압적인 느낌이 든다. 살림집으로서의 실용적인 의미보다 가문의 위세를 보여주기 위한 의도가 반영된 탓이다.

햇볕이 잘 들지 않아 언제나 그늘이 져 있는 안채는 대청이 무려 9칸이나 되는 규모이다. 방향도 전체 건물의 구성과는 어긋나게 동향을 하고 있는데 이도 실용성보다는 종가집에서 이루어지는 제례의 용도에 맞게 의도된 것이다.

천전리 내앞마을은 현재 마을 앞으로 큰 찻길이 나 있다. 때문에 다른 종가집에 비해 어수선한 분위기이다. 하지만 옛날에는 도로가 반변천 건너편으로 나 있어 넓은 들과 나직이 흐르는 강물을 바라보고 있는 한적하고 평화로운 곳이었다고 한다.

그래서 내앞은 하회마을, 봉화 닭실마을, 경주 양동과 함께 삼남지방의 4대 길지로 꼽히는 완사명월(浣紗明月)의 명당으로 불린다. 풍수지리상 맑은 비단 사이로 밝은 달이 비치는 형상과 같다는 것이다.

양진당은 경북 안동시 풍천면 하회리에 있고 의성 김씨 종가는 안동시 임하면 천전리에 있다. 양진당은 안동시에서 예천 방면으로 가는 34번 국도를 따라가다 풍산읍에서 하회마을 이정표를 보고 찾아간다. 하회마을 관리사무소(0571-854-3669). 의성 김씨 종가는 안동시에서 청송방면으로 가는 34번 국도를 따라가다 임하댐 못 미처 천전리에 위치해 있다. 의성 김씨 종가집(0571-822-3101)

남자는 밖에서 여자는 안에서 생활하다

외암리 영암댁

처음 찾아온 길손일지라도 낯익은 마을이 있다. 충남 아산 설화산 기슭에 자리잡고 있는 외암리 민속마을이 그곳이다. 가난했지만 인간미가 넘치는 지난 시절 애틋한 향수를 불러일으키는 드라마 촬영의 무대가 되어 우리들 눈에 제법 비춰졌기 때문이다.

이끼 낀 돌담을 지나 삐걱이는 솟을대문을 밀치고 들어서면 세월의 무게가 절로 느껴지는, 그런 옛집들로 이루어진 마을 외암리. 5백년 전 강(姜)씨와 육(陸)씨가 정착하고 마을을 형성하기 시작하여, 16세기 중엽 명종 때 장사랑(將仕郎)벼슬을 지낸 이정(李挺)일가가 낙향하면서는 예안 이씨(禮安 李氏) 세거지가 되어 오늘에 이른다.

본래 이름은 말을 거두어 먹이는 곳이라는 오양골. 이정 선생의 6세손인 이간(李柬) 선생이 설화산(雪華山)의 우뚝 솟은 영봉의 정기를 받아 호를 외암(巍巖)이라 지은 뒤부터는 외암골로 불리게 되었으며 지금은 한자만 외암(外岩)으로 바뀌었다.

마을로 들어서면 가장 먼저 돌담이 나그네의 눈길을 잡는다. 집집의 울타리가 줄눈이나 흙을 채우지 않는 돌각담으로 쌓아올려져 있어 마치 마을 전체가 커다란 돌담으로 둘러싸인 듯한 인상을 자아낸다. 순천의

154

소박하고 아늑한 느낌을 주는 외암리 돌담길

사람들은 살아가는 동안 여러 가지의 담을 쌓는다. 어떤 이는 삭막하기 그지없는 담을
어떤 이는 웃음소리가 넘나드는 정다운 담을 쌓는다. 사랑의 담, 미움의 담,
그리움의 담…… 그 담장 안은 언제나 비밀스럽고 호기심을 불러일으키는 공간이다.

낙안읍성 마을과 함께 우리나라에서 돌담길이 가장 아름다운 마을로 꼽힌다. 또한 이곳 외암리 돌담길의 길이를 모두 합치면 5천미터가 넘는다고 하니 실로 엄청난 규모이다.

60호 남짓되는 외암리의 집들은 기와집은 기와집대로 초가집은 초가집대로 옛모습을 잘 보여준다. 조선시대 건축 문화와 민간 생활을 고증하는데 매우 중요한 자료가 된다. 특히 이곳의 기와집들은 안동 하회마을이나 경주 양동마을처럼 권위와 위엄을 드러내지 않는다. 서민들의 초가집들과 오순도순 어우러진 모습이어서 한층 포근한 모습이다.

스무 채 남짓 되는 외암리 기와집 중에서 영암댁, 참판댁, 교수댁, 송화댁은 양반가의 주택을 대표한다. 과거 군수와 참판 벼슬을 지낸 사람들이 살았던 집으로 이와 같은 별호가 붙었다. 이 중에서도 예안 이씨 입향조가 정착한 근원지로 추정되며 보존과 관리가 잘 되어 있는 영암댁을 첫손에 꼽을 만하다.

영암댁은 이간 선생의 후손들이 대를 이어 살아온 집으로 영암군수를 지낸 이상익 씨가 1892년에 새롭게 중건한 집이다. 9백80평에 달하는 넓은 터에 문간채와 사랑채 안채 곳간채 사당채 등을 갖추고, 사랑채와 안채는 'ㄱ'자형 집으로 서로 마주해 터진 'ㅁ'자형을 이룬 충청도 양반가의 전형적인 모습을 보여준다. 조선시대 지배이념이었던 유교적 관념을 충실히 반영해 주는 건축 구조와 함께 사랑채 마당에 꾸며진 정원이 아름답다.

먼저 좌우에 문간채를 거느리고 위엄을 갖춘 솟을대문을 들어서면 넓은 사랑마당이 펼쳐지고, 그 뒤편으로 단아한 모습의 사랑채가 자리잡고 있다. 큰사랑과 작은사랑 사이에 난 중문을 통과하면 비로소 안채로 들어갈 수 있는 길이 열린다.

조선시대는 예(禮)를 근간으로 했다. '남자는 밖에서 생활하고 여자는 안에서 생활한다'는 내외법(內外法)과 부부간에도 따로 잠자리를 하는 부부별침이 생활규범이었다. 이러한 생활문화는 살림집의 구조에도 충실히 반영된다. 사랑채는 바깥주인과 아들이 거처하며 글을 읽는 서실의 기능과 함께 손님을 맞던 응접실의 역할을, 안채는 시어머니나 며느리, 시집 가기 전의 딸들이 생활하는 공간으로 독립된 구조를 이루었다. 특히 안채는 직계 가족이 아닌 남자는 드나들 수가 없었다. 가족이라도 특별한 경우를 제외하고는 출입을 삼가했을 정도로 폐쇄적인 공간이었다.

여인네들의 출입 또한 쪽문으로 비밀리에 드나들도록 했다. 문간채의 대문과 사랑채의 중문으로는 다닐 수 없었다. 곳간채의 담장에 설치된 일각문을 통해 안채로 들어오거나 사랑채 벽면에 비밀스런 쪽문을 내, 그곳을 통해 드나들 수 있었다.

그런데 흥미로운 것은 조선시대 초기만 하더라도 한 건물 안에 안방과 사랑방을 함께 배치해 오던 것이 중기로 접어들면서 사랑방의 규모가 점차 확대되어 독립된 건물로 발전해간 점이다. 이는 양반 사회의 보수화 경향과 맥을 같이 하는 시대적 변화였다. 양반층의 양적 팽창으로 기존의 신분질서가 흔들리게 되자 보다 가부장적 위계질서를 강조하고 장자 중심의 상속체계를 확립시켜 기득권을 지키려함이었다.

영암댁에는 독립된 구조의 사랑채와 안채 사이를 가로막고 있는 또다른 구조물이 설치되어 있어 눈길을 끈다. 내외담이라 부르는 이 담장은 당시 양반사회의 엄격했던 생활규범을 엿볼 수 있다. 이 담장은 사랑채의 남자와 안채에서 생활하는 여자의 시선이 마주치지 않도록 만들어진

사랑채와 안채를 가르는 영암댁의 내외담

음양이 내외를 하며 낮과 밤처럼 적절히 조화를 이루는 사대부의 집.
부부일지라도 남자는 밖에서 생활하고 여자는 안에서 생활하라는 예기(禮記)에 따라
남녀간의 시선이 머무는 곳엔 으레 내외담을 지었다. 차단벽, 병풍담, 헛담이라고도
부르는 그 담장에는 굴뚝이 있어 그 무슨 신호인 양 그리움을 피워올린다.

차단 장치의 한 가지였다.

사랑마당에는 상당한 넓이의 공간이 확보되어 오밀조밀한 정원이 꾸며져 있다. 일반적으로 조선시대 양반 주택의 사랑채 마당은 양명한 기운이 느껴지는 빈 여백으로 처리하고 한켠으로는 조경수를 심어 관상할 수 있도록 했다. 그런데 영암댁의 사랑마당은 사뭇 다르다. 수목과 괴석으로 가득 채워져 마치 깊은 산중에 들어와 있는 느낌을 자아낸다.

이 정원은 집을 지을 때부터 있어 왔지만, 현재의 주인인 이준경 씨의 고조부 이용기 씨에 의해 약 70년 전 지금과 같은 모습으로 치밀하게 꾸며졌다.

이준경 씨는 '할아버지가 일본을 여행하면서 여러 정원을 구경하고 돌아와 일본의 정원 기법을 응용하여 개조한 것'이라고 한다. 그래서 공간의 광활한 점을 그대로 살려주는 우리의 전통적 사랑마당의 꾸밈새와는 달리 소나무, 단풍나무, 등나무, 시누대 등 여러 수종을 대담하게 식수, 울창한 숲을 이루고 있는 것이 특징이다. 하지만 일본 정원이 빈 공간을 가득 채우고 거기에 상록수 위주의 정원수를 인위적으로 손질하여 가꾸는데 비해 이 정원은 낙엽 활엽수를 알맞게 섞어놓은 한편 인위적인 조작을 가하지 않아 자연환경 위주로 꾸며지던 우리 조경의 전통을 그대로 유지하고 있다.

이런 까닭으로 이 정원은 전통정원에서 현대적 감각이 담겨진 정원으로 이행하는 중간 단계로, 우리나라 정원의 시대적 변천 과정을 연구하는 귀중한 자료가 된다. 특히 왜색이 가미되었음에도 불구하고 우리나라 10대 정원에 꼽힌 이유는 조경자의 뛰어난 안목과 풍류 정신이 깃들어 있는 연못과 굴뚝의 독특한 구조 때문이리라.

　사랑채의 대청마루에서 동남쪽으로 바라보이는 뜨락에 이 정원의 가장 중요한 포인트라 할 수 있는 연못과 모정, 거북 형상의 동산이 꾸며져 있다. 이는 핵심 경관을 정원의 중심축에 배치하지 않고 어느 한쪽으로 치우치게 조영하는 동양적 정원기법의 원리를 충실히 따른 것이다. 또한 주변에는 천년 세월을 연상케 하는 운치 있는 소나무를 배치하여 유현하고도 신비로운 분위기를 연출하고 있다.

　연못의 생김새는 상현달처럼 휘어진 모습이다. 이는 전통적인 방법으로 조영되는 네모난 형태의 방지(方池)와는 거리가 있다. 중심부에는 작은 동산이 꾸며져 있다. 사랑채에서 바라보면 마치 넓은 연못 위에 떠 있는 섬처럼 보인다. 우연의 소산이 아닌 조영자의 세심한 감각으로 이루어진 것임을 알 수 있다. 섬 위에 자태를 드러낸 학 모양의 소나무는 모정 옆에 배치한 거북 동산과 짝을 이루어 불로장생을 염원하는 십장생을 상징하고 있다. 연못으로 흘러드는 수원은 내외담에 연결되어 사랑채와 안채를 구분하는 담장 밑을 통과하여 들어오는 계류를 이용하고 있다. 또한 도랑을 굽이굽이 흘러 연못으로 들어올 때 못 입구에 30센티 정도의 낙차를 주어 작은 폭포를 만들어 놓았다. 이는 청량한 물소리를 즐기고자 한 지혜였다.

　사랑채의 누마루 밑에 위치한 굴뚝도 이 집에서만 볼 수 있는 색다른 구조물이다. 여느 집처럼 굴뚝을 지붕 위까지 세워 올리거나 진흙과 기왓장을 이용하여 독립된 구조물로 만들지 않았다. 다만 빗물이 들어가지 않을 정도로만 지면 위에 돌출시키고 그 위에 널빤지 같은 판석 서너 장을 겹쳐 놓아 연기가 피어 오르도록 했을 뿐이다. 특히 이 굴뚝은 연못으로 흘러가는 물도랑과 거의 같은 높이로 조영했는데, 연기가 피어오를

남자들의 생활공간인 사랑채

사랑채는 남자들의 거처, 집주인의 풍류와 안목에 따라 깊은
산속 단풍나무 우거진 외딴집이 되고 먼 산의 흰구름이
머물다 가면 새소리, 물소리, 솔바람소리 그윽하게 들리는
신선의 집이 되기도 한다.

때 물도랑의 습기를 만나서 허공으로 솟지 않고 지면 위에 자욱하게 깔리도록 계산된 것이다. 즉 사랑채는 아궁이에 불을 지피면 심산유곡의 구름이나 안개 위에 떠 있는 신선의 집이 된다.

더욱이 기둥마다 향기로운 정신세계를 담고 있는 주련 글씨와 외암서사(巍巖書社), 청등백석산장(靑藤白石山莊), 건재장(健齋莊), 고역당(古易堂), 우하산장(雨荷山莊), 설화산장(雪華山莊) 등 이곳에서 살다 간 옛 주인들의 당호에 따라 붙여진 편액들은 이 집의 품격을 한층 높여주고 있다.

❧

충남 아산시 송학면 외암리에 있다. 경부고속도로 천안인터체인지로 빠져나와, 아산시(구 온양)에서 유구쪽으로 가는 39번 국도를 따라 3킬로미터쯤 가면 외암리 마을 입구에 이른다. 영암댁 후손 이준경(0418-541-9200)

푸른 바다 넓은 하늘에 한스러움만 사무치다

제주 추사 유배지

제주의 봄은 더 이상 물결치는 유채꽃의 추억을 간직하고 있지 않다. 값싼 중국산 농산물이 밀려들자 유채꽃마저 소리없이 자취를 감추고 말아 제주의 봄은 그렇듯 텅 빈 몸짓으로 누워 있었다.

이름난 관광지에나 가면 돈을 내고 들어가 사진 한 방을 찰칵 찍고 나오는 손바닥만큼 알량한 유채밭이 남아 있을 뿐⋯⋯. 가슴을 아리게 할 만큼 진하던 그 향기와 원색의 물결은 이미 사라지고 없다.

서부산업도로를 타고 한라산 중턱을 넘어가는 길가에서 나그네는 잠시 차를 멈춘다. 기대했던 봄의 전령을 만날 수는 없지만 잔잔하게 흘러가는 산자락이 가슴속에 더 큰 파문으로 여울진다. 짙푸른 대지와 수평선이 서로를 껴안고 조용히 흐느끼고 있는 제주의 4월이다.

수심 없는 나그네에겐 그지없이 평화로운 풍경이겠지만 그 옛날 이 땅으로 추방된 외로운 넋들에게는 '푸른 바다 넓은 하늘에 한스러움만이 사무칠' 풍경이었을 일이다.

아직도 한라산 정상에는 희끗희끗 잔설이 남아 있고, 오름이라 불리는 작은 산봉우리들이 징검다리처럼 이어져 해안선까지 잇닿아 있다. 저 멀리 바다와 만나는 곳의 마지막 산오름이 모슬봉이다. 그 건너편에 흡사

추사가 쓴 뫼 산(山)자의 획을 빼어닮은 바굼지 오름

단산은 이곳 사람들에게 바굼지오름이라 불린다. 그 형상이 바구니처럼 생겼기
때문이다. 어찌 보면 박쥐가 날개 깃을 펴고 비상하려는 형상 같기도 하다.
추사체가 뭉툭뭉툭한 획마다 힘이 느껴지고 뚝뚝 끊어지는 듯한 기상을 간직한 것은
유배 온 울분의 표현이라지만 그가 이곳에서 느꼈던 생활과 자연환경에서도
영향을 받았을 것이다.

큰 왕무덤처럼 솟아 있는 봉우리가 산방산. 나그네가 찾아가는 대정고을
은 그 두 봉우리 사이 상록수림 속에 묻혀 그 모습을 좀처럼 드러내지 않
고 있었다.

대정(大靜)으로 향하는 길, 나그네 앞에 성큼성큼 다가서는 것은 산방
산이었다. 평지 돌출로 솟아난 그 형상이 괴이하다는 생각보다는 어떤
신비한 힘으로 나그네를 압도한다. 목젖까지 솟아오른 울분 덩어리를 삼
키듯 그 산봉우리를 꿀꺽 삼켜 버리고 싶은 충동이 인다.

이곳 사람들의 전설에 의하면 한라산 영실에 살던 오백 장군의 어머니
인 설문대 할망이 한라산 정상을 뽑아 던져버린 것이 이곳에 떨어져 산
방산이 되었다고 한다. 그래서 한라산 백록담의 뚜껑 산이고 실제로 그
곳과 똑같은 섭생의 나무들만 자란다는 이야기이다.

설문대 할망은 제주의 여러 신들 중에서 가장 영험이 높고 심술도 많
은 신이다. 키가 어찌나 큰지 바다를 걸어다녀도 무릎까지밖에 빠지지
않는다는 거인이었다. 그런데 어느날 사냥꾼이 한라산에 올라 사슴을 쏘
다가 잘못하여 설문대 할망 엉덩이를 맞추고 말았다. 그래서 설문대 할
망이 화가 나 옷깃을 한바탕 후려치니 한라산 봉우리가 떨어져 나가 산
방산이 되었다는 이야기도 있다.

어쨌든 거친 바다와 싸우며 살았던 섬 사람들의 신이었기에 여간 조심
스러웠을 존재가 아니었으리라. 그 능력도 상상을 초월하는 것이어서 제
주도의 모든 신화와 전설 속엔 이 설문대 할망 이야기는 빠지지를 않는
다. 그래서 제주도는 지금도 여자들의 섬인지 모른다.

바람과 돌과 여자의 섬 제주도, 그 섬의 남서쪽을 지키던 고을 대정읍.
지금은 한가로운 마을로 변해 있지만 한때는 제주현 정의현과 함께 제주

도 행정의 중심지이자 군사적 요충이었다. 동쪽으로는 서귀포 법환리, 서쪽으로는 한경면 판도리까지가 모두 대정고을의 영역이었다. 요새처럼 둘러싼 성벽이 남아 옛 영화를 말해 주려는 듯 하다.

또 대정고을은 절해고도의 최남단에 위치한 현(縣)이었다. 때문에 유형의 땅으로 이름난 곳이었다.

동행해 준 소설가 오성찬 선생은 제주 유배의 역사를 몽고 지배하의 고려시대 때 원나라 정치범들이 이곳에 수용되면서부터라고 한다. 조선시대에는 원악 유배지(遠惡 流配地)로 각광을 받아 그 수가 무려 3백여 명에 이르렀고 그 중에서 대정은 주로 중형을 받은 정치범 30여 명이 머물렀다는 것. 그만큼 이곳이 험난하고 척박한 땅이었음을 말해 주는 것이다.

대표적인 유배객 몇 분을 얘기하면 이곳에 세거를 이룬 고부 이씨 입도조가 되는 이세번 선생이 있다. 1519년 사림파의 종장 조광조가 투옥되자 그의 무죄를 주장하다가 이곳에 유배되어 끝내 풀려나지 못하고 적사(謫死)하였던 인물이다. 그때 병간호차 왔던 부인과 아들이 아버지의 묘만 내버려두고 돌아갈 수 없다고 하여 눌러앉아 고부 이씨 시조가 되었다.

또 병자호란 때 굴욕적인 항복에 분개하여 할복자결을 하였던 동계(桐溪) 정온 선생도 이곳에서 10년 동안 유배의 세월을 보냈다.

그리고 오늘 나그네가 그의 발자취를 더듬어 보기 위해 찾아 온 추사(秋史) 김정희도 이곳에서 9년 동안 가시 울타리에 갇혀 사는 위리안치의 세월을 보냈었다.

추사 선생이 살았다는 적거지는 대정성(大靜城)의 동문 안에 자리잡고

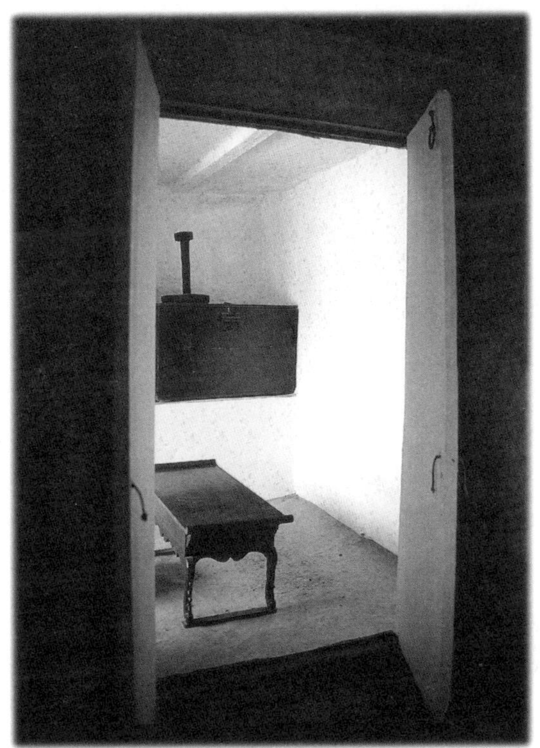

추사가 거처했던 비좁은 유배지의 방

깊은 정신의 소유자, 심오한 예술혼이 숨쉬는 자취라고 할지라도
세월이 흐른 뒤에는 역시 빈집일 따름이다. 가구 하나하나가
모두 제주의 옛 것으로 잘 단장되어 있지만 마룻장의 빛은 이미
죽어 있고 문지방에도 켜켜이 먼지만이 쌓여 있다.

있다. 먼저 추사기념관이 나그네를 맞이한다. 마을의 민가와는 다소 어울리지 않는 초현대식 건물이다. 2층 전시실에는 진품은 구하지 못하고 복제된 추사 선생의 글씨와 세한도 그림, 선운사 백파선사 비문의 탁본 등이 전시되어 있다.

그리고 기념관 뒤편에 유허비가 서 있고 말끔하게 단장된 제주의 초집이 눈에 들어온다. 여기가 바로 추사 선생이 살던 적소(謫所)이다. 저 유명한 추사체를 완성하고 세한도를 그렸다는, 거침없던 예술혼의 거처였던 곳이다. 담장 아래는 옛 주인의 성품을 닮은 수선화가 가지런히 심어져 있고 출입문에는 제주도에서만 볼 수 있는 정낭이 비스듬히 걸려 있다. 집안은 인기척이 없어 한낮이었는데도 물을 끼얹은 듯 적요하기만 하다.

추사 선생은 이곳에 유배 와서 처음에는 송계도의 집에 머물렀다가 몇 해 후에 현 위치인 강도순의 집으로 옮겨와 기거했는데, 이 집들은 모두 4·3사건으로 불에 타 버려 빈터에 다시 지은 것들이다.

주인댁이 살았던 안커리, 사랑채인 밖커리 그리고 한쪽 모퉁이의 건물은 모커리라 불리는데 추사 선생은 이 모커리의 작은방에서 살며 밖커리 사랑채에서 배움을 청하던 마을 청년들을 가르치기도 했었다.

깊은 정신의 소유자, 심오한 예술혼이 숨쉬는 자취라고 할지라도 세월이 흐른 뒤에는 역시 빈집일 따름이다. 가구 하나하나가 모두 제주의 옛 것으로 잘 단장되어 있지만 마룻장의 빛은 이미 죽어 있고 문지방에도 켜켜이 먼지만이 쌓여 있다. 택시 기사의 안내로 찾아온 신혼부부 한 쌍이 예정된 순서처럼 항아리 위의 물허벅을 짊어지고 사진 몇 장을 찍은 후 떠나간다. 이제 유배자의 넋을 느껴 볼 여유조차 더 이상 없다. 차라리 마당의 흙먼지를 휩쓸고 지나가는 엷은 바람 한 줄기와 마을 어귀 여기저기 흩어져 있는 돌하루방의 표정에서 허전한 마음을 달랠 뿐이다.

우리는 모슬포 앞바다에 떨어지는 저녁노을을 보기 위해 서둘러 단산(簞山)을 오르기로 했다.

단산은 이곳 사람들에게 바굼지오름이라 불린다. 그 형상이 바구니처럼 생겼기 때문이다. 어찌 보면 박쥐가 날개 깃을 펴고 비상하려는 형상 같기도 하다. 추사체가 뭉툭뭉툭한 획마다 힘이 느껴지고 뚝뚝 끊어지는 듯한 기상을 간직한 것은 유배 온 울분의 표현이라지만 그가 이곳에서 느꼈던 생활과 자연환경에서도 어떤 심리적인 영향을 받지는 않았을까. 그래서 추사가 제주도 적거 시절에 쓴 글씨에는 단산의 모습과 같은 형태의 뫼 산자가 탄생되었는지 모른다.

단산은 확실히 길손의 눈에도 범상치 않다. 동으로는 산방산의 절경을 바라보고 남으로는 마라도의 넓은 바다를 굽어보고 있어 가슴까지 시원스런 곳이다. 대정에서는 이곳이 제일가는 명당인 탓에 성 안에 있던 향교가 이곳으로 옮겨져 있기도 했다.

추사 선생도 울적한 심사를 달래기 위해 이 산을 오르내렸고 가끔은 대정향교에 들러 유생들과 함께 담소도 나누었으리라. 서원에는 추사가 쓴 글씨라 전해지는 명륜당과 의문당 현판이 지금도 보관되어 있다. 동재 뒤편 고목이 된 소나무는 마치 세한도에 그려진 송백의 자태를 빼어 닮아 있다.

기괴한 생김의 바위들이 누워 있는 산등성이를 올라서니 아직 지난 겨울의 갈색조를 벗어내지 못한 띠풀들이 바람 속에 가득 흐느끼고 있다. 추사 선생은 이곳 유배시절 부인 예안 이씨가 세상을 떠났다는 소식을

세한도 그림을 연상케하는 대정향교의 소나무

추사 선생도 울적한 심사를 달래기 위해 이 산을 오르내렸고
가끔은 대정향교에 들러 유생들과 함께 담소도 나누었으리라.
서원에는 추사가 쓴 글씨라 전해지는 명륜당과 의문당 현판이
지금도 보관되어 있다. 동재 뒤편 고목이 된 소나무는 마치
세한도에 그려진 송백의 자태를 빼어 닮았다.

접하고 "그 슬픔이 뿜어내면 무지개가 될 것 같고 맺히면 우박이 될 것이
므로 산과 바다가 이보다 더 심함이 있겠는가" 하고 탄식하였다. 어쩜 이
띠풀들의 수런거림은 그날 유배자의 쓸쓸한 발목을 부여잡던 흐느낌은
아니었을지 모르겠다.

　모슬포 앞바다는 어느새 휘적휘적 옷자락을 날리기 시작한 저녁 어스
름에 검푸르게 잦아지고 송악산 봉우리는 붉은 낙조로 타오르기 시작한
다. 추사 선생이 바라보았을 그 쓸쓸하고 외로운 날들의 빛깔이 지금 그
길을 밟아 온 나그네의 가슴속에 스며든다.

남제주도 대정읍 안성리에 있다. 신제주에서 서부산업도로라 불리는 95번 지방도로를
따라 모슬포 방면으로 가면 남제주도 대정읍 성안에 위치한 추사유배지에 이른다. 추사
유배지 관리사무소(064-794-3089)

물소리에 귀를 씻고 홀로 즐기다

은둔자의 집답게 낮게 엎드린 모습의 독락당

천년고도 서라벌의 외곽에 위치한 독락당은 퇴계학파의 선구가 되는 회재 이언적의
별업(別業)이다. 사화에 연루되어 정치적 시련기를 살면서 그는 이곳에서 은둔하여
한시절을 보냈다. 분노와 회한과 낙망으로 뒤엉킨 세월이었지만 그는 좌절하지 않고
이곳에서 더 높은 사유의 밭을 일구었다.

물소리에 귀를 씻고 홀로 즐기다

경주 독락당 옥산서원

경주는 역사의 흔적으로 이루어진 도시다. 거대한 강물이 퇴적해 놓은 삼각주처럼 그 모래톱 속에는 세월의 흔적들이 가득하다.

역사의 뒤안길이라고 해야 할까. 경주의 표정들에는 빛과 그늘이 있고 거기에는 황량하고 쓸쓸한 기운이 먼저 와닿는다. 온통 상처투성이로 이루어진 세월의 무덤 속을 헤매이다가 잠시 그 시간들로부터 몸을 숨기고 싶을 때, 훌쩍 찾아가 안기는 곳이 저멀리 자옥산 기슭이다.

흔히 경주를 생각하면 우리는 신라 천년의 영화가 깃든 서라벌의 옛터만을 떠올린다. 토함산 자락과 감포 앞바다, 남산의 불상과, 안압지에서 반월성을 거쳐 왕릉으로 이어지는 옛길들. 분명 신라문화의 찬란한 비단길임에 틀림없다.

그러나 어찌 천년 전 신라의 강물만이 휩쓸고 지나갔으리. 그 후로도 많은 세월의 물결이 넘쳐 흐르며 이 땅의 무늬를 만들어 오지 않았는가. 신라의 세월이 너무 강렬하여 이름을 드러내고 있지 못할 뿐이 아니던가.

경주시 안강읍 옥산리 자옥산 기슭의 독락당(獨樂堂)과 옥산서원(玉山書院)이 바로 그러한 곳이다. 거기에는 돌덩이에 미소를 새기고 염원

탑을 쌓아올리던 시대와는 사뭇 다른 역사의 표정이 담겨 있다. 나라의 수도를 개성과 한양으로 물려준 뒤 경주가 국토의 외진 변방으로 물러나 있을 때, 샛별처럼 이름을 빛낸 한 선비의 높은 정신세계가 이루어놓은 자취가 배어 있다.

그 주인공은 다름아닌 조선 중종 때의 유학자로 퇴계 이황에 의해 정립된 영남학파의 뿌리가 되는 이언적(李彦迪)이다. 공자와 맹자에서 비롯된 선진 유학을 성리학이라는 새로운 철학체계로 집대성한 송나라의 주자를 흠모하였고 그의 학문을 조선에 토착화시키는데 선구적인 삶을 살았던 인물이다. 주자의 호인 회암(晦菴)을 따라 스스로 회재(晦齋)라고 호를 붙인데서도 그의 학문적 지향점을 짐작해볼 수 있다.

우리에게는 비교적 낯선 이름이지만 조선시대 사상사에서 빼놓을 수 없는 삶을 살았던 이언적. 그는 옥산리에서 멀지 않은 양동마을에서 태어났다. 그때까지 그의 가계는 내세울 것이 없는 미미한 선비의 집안이었으나 외가쪽은 막강한 경제력과 정치력을 보유하고 있던 월성 손씨 종가집이었다.

아홉 살 때 부모를 여의고 유년시절을 불우하게 보냈던 그는 외삼촌인 우재(愚齋) 손중돈(孫仲暾)의 벼슬길을 따라다니며 가르침을 받는다. 그리고 그가 세상 사람들의 주목을 받기 시작한 것은 23세 때 문과에 급제하여 경주 향교의 교관으로 부임하고부터다.

당시 경주 지역 학계에서는 산림에 묻혀 있던 재야 지식인인 망기당 조한보와 이언적의 삼촌인 망재 손숙돈 사이에 '태극론'에 대한 논쟁이 벌어지고 있었다. 이 논쟁은 현상세계의 배후에 존재하는 온갖 사물의 생성근원을 하나의 형이상학적인 실재인 태극으로 상정하고 현상세계와

자연을 즐기기 위해 담장을 뚫고 살창을 만들어 놓은 독락당

선비에게 은둔이란 좌절과 현실도피가 아니다. 새로운 칼을 벼리는 수양과 수련의
기회였다. 한껏 몸을 낮추고 자신과 더불의 세상의 모든 것들을 뚫어져라 바라보는
침잠의 시간이들이었다. 그래서일까. 낙향과 은둔으로 이루어진 선비의 옛집은
미로 속처럼 첩첩하고 단단하다. 치열한 정신만이 살아서 세계의 내부를 응시하고
있는 듯하다.

태극을 서로 독립적인 이원론으로 보느냐 아니면 동일한 것으로 보느냐 하는 것이었다.

이언적은 우연히 이들 사이에 오고간 글들을 보고 두 사람의 견해가 모두 도가와 불교적 색채가 가미되었다고 비판한다. 특히 조한보와 네 차례의 치열한 논쟁을 주고받으며 자신의 논지를 펼쳐나갔다.

이때부터 이언적은 27세의 약관의 나이로 학계의 주목을 받는다. 훗날에는 이단의 사설을 물리치고 성리학의 본원을 바로 세웠다는 칭찬을 받으며 김굉필 정여창 조광조 이황 등과 함께 동방 5현으로 받들어져 문묘에 배향되는 영광을 누리게 된다.

그렇지만 그에게도 부침의 세월은 있었다. 중종의 총애를 받아 이조정랑 사헌부장령을 거쳐 사간이 되었으나 훈구세력이었던 김안로를 탄핵하다 파직당했다. 그후 김안로 일파의 몰락으로 복직이 되어 예조 호조 형조의 판서를 거처 좌찬성까지 오르지만 을사사화의 연장이었던 양재역 벽서사건에 연루되어 강계로 유배되었고 그곳에서 쓸쓸하게 최후를 맞는다.

독락당은 이언적이 경주교관 시절 당시의 풍습대로 둘째부인이었던 석씨 부인을 얻어 생활했던 곳. 훗날 김안로 일파에 탄핵받아 은둔생활을 하던 때 현재와 같은 규모의 별서(별장)로 만들어졌다.

그는 젊은 시절부터 본처가 있는 양동의 무첨당(無添堂)보다 옥산동에 머무르기를 즐겨했다. 낙향해서도 주로 이곳에 거처하며 학문을 닦았고 주변의 자연을 경영, 자신의 이상세계를 만들어 나갔다.

그러므로 독락당에는 정치적 시련기를 맞아 두문불출하던 시절 이언적의 정신세계가 오롯이 배어 있다.

먼저 이 집의 전체적인 이미지에 주목할 필요가 있다. 그 느낌이 은둔 생활을 하던 집주인의 심정과 생활태도를 보여주듯 대단히 폐쇄적이고 은밀하다. 보통의 양반집들이 자신의 존재를 과시적으로 드러내기 위해 당당하고 화려한 모습을 보여준다. 이에 비해 독락당은 집터도 건물도 기단도 지붕도 한껏 키를 낮추고 숨어 있다. 집 주변을 감싸고 있는 숲과 미로처럼 이어지는 담장의 폐쇄성도 그러한 은둔의 이미지를 한층 고조시켜 준다.

그러나 그 폐쇄성과 은둔은 정치현실로부터의 좌절과 도피라기보다는 새로운 도약을 꿈꾸는 적극적인 의미의 자기성찰을 내포한다. 그는 이 시기에 엄격한 성리학적 테두리에만 얽매이지 않고, 선가는 물론 도가의 생각까지도 섭렵했던 것으로 보여진다.

이렇듯 이언적은 청년시절 치열한 논쟁을 통해 자신의 사상적 입지를 구축해가던 모습과 달리, 중년기에 접어들면서 훨씬 인간적인 폭과 깊이를 더해간다. 독락당의 이미지는 이 시기 이언적의 면모를 잘 반영해주는 기념물이 된다.

건축물의 구성을 살펴보면 자옥산 기슭에서 흘러내리는 넓은 계곡을 옆에 두고 있다. 솟을대문과 공수간 숨방채 안채 사랑채인 독락당 어서 각 계정 사당 등이 각기 독립적인 영역을 확보하면서 오밀조밀하게 배치되어 있다. 그 중에서 가장 주목할만한 건축은 옥산정사(玉山精舍)란 편액이 걸려 있는 독락당과 계정(溪亭)이다.

독락당은 은거 시절 새로 지은 서재를 겸한 사랑채로 이 집을 대표하는 건물이다. ㅁ자형 안채에 연결된 구조로 넓은 마루방을 갖춘 4칸 집으로 다른 건물들처럼 소박한 분위기를 간직하고 있다.

특히 기단과 마루가 낮아 땅으로 꺼져 들어가듯 움츠러든 모습은 여느 사대부 건축의 사랑채와 다르다. 외부에서 쉽게 접근할 수 없을 정도로 깊숙한 안쪽에 고립되어 있다. 규모와 구조가 뛰어난 것도 아니다. 그러나 대청마루에서 개울을 바라보면 어느 집에서도 보여주지 못한 뛰어난 감각과 안목을 간직하고 있다. 사시사철 청류가 쏟아져 내리는 계곡의 정취를 완상하기 위해 담장에 뚫어 놓은 네모난 살창. 집안에서도 변화 무쌍한 자연을 관조할 수 있도록 해놓았다. 그래서일까. 독락당에 앉아 그 풍경을 바라보고 있으면 독락(獨樂)이란 당호의 의미가 절로 실감난다. 물 흐르는 소리에 마음을 씻고 세상의 이치를 깨달으며 천진한 본체를 홀로 즐긴다는 뜻 그대로이다.

계정은 독락당에서 작은대문을 통해 들어가는 이 집의 가장 깊숙하고 은밀한 곳에 위치한 정자이다. 안마당에서 보면 전체의 구조를 확인할 수 없을 정도로 협소한 곳에 자리하고 있다. 막상 정자 위에 올라 바라보는 풍광은 시원하고 활달하기 그지없다. 계곡의 풍광을 자신의 공간 속으로 끌어들이기 위해 정자의 앞쪽을 계곡으로 돌출시키고 계곡의 반석 위에 기둥을 세워 2층의 누마루를 연출하고 있다. 마치 허공중에 떠 있는 듯한 느낌이다.

독락당과 계정의 아름다움뿐만이 아니라 이곳에는 수많은 명승들이 숨어 있다. 이언적은 이를 4산5대(四山五臺)라 이름붙이고 은거시절 자신의 소요처로 삼았다. 독락당을 둘러싸고 춤을 추는 듯한 자옥산 도덕산 무학산 화개산과 폭포와 기암괴석으로 이루어진 관어대 영귀대 탁영대 세심대 징심대 등이 그곳이다.

떨어지는 폭포를 보며 잡념을 떨쳐버리고 고요한 수면을 보면서 마음

옥산서원의 누각 무변루

서원의 위치를 선정하는데 가장 중요한 것은 자연이었다. 자연은 우주의 섭리를
체득하는 스승이었고 선비들은 물 맑은 숲 속에 거처를 마련하고 그 자연을 호흡하며
도를 이루고자 했다. 글 읽는 소리 그친 지 오래된 서원의 뜨락에 황량한 바람만이
머물다 가고 무변루 북소리도 더 이상 울리지 않는다.

의 평정을 찾던 세심대 징심대가 바라보이는 산기슭에는 옛주인의 자취를 그리워하듯 고즈넉한 분위기의 옥산서원이 자리잡고 있다. 이언적이 죽은 지 20년 후 1572년 경주사람들에 의해 창건된 사액서원으로 대원군의 서원 철폐령 때에도 훼철되지 않은 조선 중기의 대표적인 서원이다.

천하의 영재를 가르치는 즐거움이라는 뜻의 역락문(亦樂門), 시작도 끝도 없는 태허의 상태를 뜻하는 무변루(無邊樓), 마음의 덕과 지식의 근본을 구하는 집이라는 구인당(求仁堂) 등의 편액글씨에 담겨 있는 의미가 향기를 더해주는 옥산서원. 자연 속에 감싸인 정경의 아름다움과 함께 옛 선비들의 추구했던 격식과 수준 높은 문화의식을 담담하게 말해주는 듯하다.

❦

경북 경주시 만강읍 옥산리에 있다. 경주에서 포항 방면으로 가는 7번 국도를 타고 강동대교를 건너 영천 방면으로 8킬로미터쯤 가면 오른쪽 길가에 옥산서원으로 진입하는 이정표가 있다. 경주시청 사적관리사무소(0561-779-6704), 옥산서원 관리인(018-529-7786)

흐르는 물도 하룻밤을 쉬어가다

순흥 소수서원

이 몸이 물러나니 어리석은 분수대로 편하다
학문은 퇴보하여 늦은 지경이 근심스럽구나
시내 위에 비로소 살 곳을 정하니
흐르는 물 위에 임하여 날로 반성함이 있으리

이 시는 퇴계 이황이 1550년 풍기군수로 있으면서 백운동서원의 사액을 청하여 허락받은 후 관직을 버리고 고향으로 돌아와 지은 것이다. 이 짧은 시상 속에서 우리는 조선시대 선비들이 추구했던 삶의 가치와 이상적인 인간상을 읽을 수 있다.

그것은 글을 읽고 학문을 완성하여 치세의 도를 펴는 것이었지만 그 명리에 결코 연연하지 않고 언제나 자연으로 돌아와 우주의 원리와 인간의 본성을 꿰뚫어 자아를 완성하는 것이다. 퇴계와 율곡, 화담과 남명 …… 기라성 같은 선비들이 산천을 빛내고 조선 성리학의 물줄기를 길러내던 16세기의 역사는 바로 그런 생명력으로 충만된 시절이었다.

조선 성리학의 정련과 내연의 역사는 산림처사들이 은거했던 자연 속의 배움터에서 이루어졌다. 시냇물 소리 청명하고 솔바람 소리 향기로운

최초의 사액서원인 소수서원으로 들어가는 길

서원으로 들어가는 입구에 아름드리 적송 한 그루가 짙은 그림자를
드리우고 있다. 그 너머 시냇가 소슬하게 자리잡은 정자 하나,
작은문 하나, 지금은 쓸쓸하게 솔바람소리 떨어져 머물다 가지만
옛시절엔 글 읽는 선비들의 목소리 낭낭하였으리.

산천에는 으레 선비들의 옛자취가 숨은 듯이 자리잡고 있다. 정자와 누각과 원림과 서원 등 헤아릴 수도 없이 많은 이들 옛집의 역사는 자연에 묻혀 세상을 호흡했던 선비들의 아카데미였던 셈이다.

그 중에서도 서원은 향교와 함께 조선시대의 대표적인 교육기관으로 선비들의 치열했던 정신이 단련되었던 곳이다.

서원은 서재(書齋)와 선현을 받들어 모시는 사묘(祠廟)의 기능을 합친 것으로, 단순히 글만 가르치는 서당이나 정사(精舍)와 다르고, 또 위패를 모시고 제사만을 지내는 사우(祠宇)와도 다르다. 서양 중세에 수도원에서 대학이 생긴 것과 같이 종교적인 기능과 교육의 기능이 동시에 이루어지는 그런 장소였다.

조선 후기로 가면 서원이 남설되고 그 기능도 선현제향에만 한정되는 등 여러 가지 폐해가 나타나지만 초기에는 강학과 교육의 기능이 강조되어 있었다. 선현을 받들어 모시는 것도 그들의 큰 뜻을 배우고 따르기 위함이었으므로 서원이 세워지는 동기는 향촌 지식인들의 학문적 구심점이 필요했기 때문이라고 볼 수 있다.

우리나라에서 첫번째로 세워진 서원은 경북 영주시 순흥면 내죽리에 위치한 백운동서원(白雲洞書院)이다. 신재(愼齋) 주세붕(周世鵬)이 1541년(중종 36년) 풍기군수로 부임하여 우리나라에 처음으로 성리학을 소개한 이곳 출신의 유학자 안향을 모시는 문성공묘(文成公廟)를 세워 배향해 오다가 1543년 주자의 백록동서원을 본떠 학사를 지어 유생들의 교육을 겸하기 시작했다

서원의 재정적인 뒷받침은 영남감사와 지방 유지들의 도움이 컸다. 그들의 물질적 지원으로 학전(學田)을 구입하고 노비와 원속을 확충하여

영속적인 기반을 마련했다. 이를 기반으로 여러 명의 유생을 교육하여 서원체제를 갖추어 나갔다.

그러나 백운동서원은 아직까지도 사묘가 위주였고 서원은 다만 유생들이 공부하는 공간만을 지칭하는 정도에 그쳤다. 백운동서원이 독자성을 가지고 정착하는 시점은 1550년 퇴계 이황이 풍기군수로 부임하면서부터다.

퇴계는 향촌사회 교화의 대상과 주체를 일반 백성과 사림으로 나누었다. 또 그 실효성을 거두기 위해서는 무엇보다도 이를 담당할 주체인 사림의 습속을 바로잡고 학문의 방향을 올바르게 정하는 작업이 선행되어야 한다고 생각했다.

그리고 이를 위해서는 오로지 도학을 탐구하고 밝히는 것이 최선의 방법이라고 믿고, 이를 실현시킬 구체적인 실천도장으로서 중국의 서원제도가 우리나라에도 필요함을 역설했다. 이러한 논리로 퇴계는 풍기군수로 부임하자 서원 보급운동을 펼쳐 백운동서원에 대한 사액과 국가의 지원을 요구했던 것이다.

이와 같은 퇴계 이황의 상소를 받은 명종 임금은 곧바로 친필로 쓴 소수서원(紹修書院)이란 편액과 함께 토지, 4서5경 성리대전 등의 서적, 노비들을 하사했다.

소수서원이라 이름을 짓게 된 배경은 당시 대재학이었던 신광한의 추천에 의해서이다. "이미 무너진 유학을 이어 다시 닦게 한다"라는 뜻의 기폐지학 소이수학(既廢之學 紹而修學)에서 이을 소(紹)와 닦을 수(修)를 취한 것이다. 당시 피폐 일로에 있던 관학과 단종복위운동의 실패로 고을이 혁파되어 폐부가 된 순흥에 다시 학교를 세워 안향과 같은 훌륭한 선비를 길러내라는 뜻을 담고 있다.

안향 선생을 모신 소수서원의 사당

산 좋고 물 좋은 곳에 자리잡은 선비들의 배움터 서원은 사화의 계절을 살다간 선비들의
피난처이자 정치적 거점이다. 그들은 산림에 은거하여 자신들의 학문적 우위와 정치적
입장을 강화하기 위해 치열한 내연의 시간을 거쳐 조선의 사상계를 주도해 나갔다.
그 첫번째의 물줄기가 바로 소수서원이다.

소수서원 이후 각지에 설립된 서원들도 사액을 요청하는데 사액을 받는다는 것은 국가로부터 합법성을 인정을 받는다는 의미이다. 이는 서원의 사회적 지위를 높이는 것일 뿐만 아니라 면세와 면역의 특전까지 누릴 수 있는 혜택이 따랐다. 이러한 국가적인 지원에 힘입어 서원은 단순히 교육과 선현봉사의 기능에만 머무르지 않고 향촌사회의 정치적 구심점으로까지 성장해 조선 후기 유교문화를 주도해 갔던 것이다.

소수서원. 소백산의 국망봉과 비로봉 사이에서 흘러내리는 죽계천 계곡에 발을 담근 영귀산 기슭에 자리잡고 있다. 산의 모습이 물으로 걸어나온 거북이의 형상을 하고, 풍수적으로는 신령스러운 거북이가 알을 품고 있는 영귀포란형의 명당이다.

서원으로 들어가는 입구에는 우람한 크기를 자랑하는 소나무숲이 일대 장관을 이루고 있다. 고색창연하면서도 유현한 기품을 간직하고 있는 분위기가 글읽는 선비들의 배움터로는 더없이 좋은 조건을 갖추고 있다. 아름드리 소나무가 뿜어올리는 청신한 기운을 맛보며 서원 안으로 들어가면 맨먼저 사찰의 입구임을 알려주는 당간지주가 서 있어 눈길을 끈다. 이 거대한 크기의 돌기둥은 서원이 들어서기 전의 아득한 옛일을 기억하고 있다.

본디 이 소나무숲 속에는 흐르는 죽계천의 물줄기도 하룻밤을 쉬어 간다는 숙수사(宿水寺)라는 예쁜 이름의 사찰이 있던 곳이다. 서원의 여기저기에 산재해 있는 석탑이나 석등의 부재들이 절집의 연역을 짐작케 한다. 멀지 않은 곳에 자리잡은 화엄종찰 부석사와 같은 시대의 조영물이 있었음을 알 수 있다.

서원의 위치는 경관이 뛰어난 절터나 사찰이 종종 활용되었다. 세속을 홀연히 벗어나 학문에 전념할 수 있도록 반드시 산수가 빼어나고 풍광이 좋은 곳을 찾아 조성하였으므로. 이 땅에서 첫번째로 등장한 소수서원의 역사도 숙수사가 미미해지자 선비들이 그 터를 차지하고 서원으로 만들어 버린 경우이다. 이는 불교에서 유교로 문화의 주도권이 교체되던 시기 구시대의 상징적인 공간인 사찰에서 새로운 질서를 수립하여 변화의 실상을 내 보이고자 한 의도적인 선택이었다.

당간지주를 지나 서원의 정문으로 향하면 두 그루의 거대한 은행나무가 서 있다. 그 아래로 죽계천의 푸른 물줄기를 바라보고 있는 정자 한 채가 모습을 드러낸다. 서원에 모여들던 선비들이 시를 경연하고 학문을 토론하며 풍류를 즐기던 경렴정이다. 주세붕이 백운동서원을 지으면서 송나라의 철학자 렴계 주돈이를 흠모하여 경렴정이라 이름붙였다.

경렴정 건너편 소나무숲 아래에는 흙으로 쌓아올린 자그마한 제단 성생단(省牲壇)이 있다. 이곳에서는 봄 가을 제향 때 올리는 제물에 흠결이 있는지를 살폈다고 한다.

경렴정과 성생단을 둘러보면 바로 눈앞 좌우로 긴 담장을 거느리고 있는 서원의 정문이 나온다. 다른 서원들과는 달리 태극무늬가 그려진 삼문(三門)이 아니라 단문으로 되어 있다. 그 크기도 작고 소박하다.

정문을 들어서면 곧바로 서원의 중심공간인 강학당이 모습을 드러낸다. 정면 4칸 측면 3칸의 넉넉한 규모에 팔작지붕을 하여 중후한 멋을 간직하고 있다. 외관에는 백운동이란 현판이 달려 있고 건물 안쪽의 북쪽 벽면에 명종 임금이 쓴 소수서원이란 편액이 걸려 있다. 소수서원에 입교한 선비들이 강의를 듣던 교실 기능을 했던 건물이다.

강학당 뒤편으로는 일신재(日新齋)와 직방재(直方齋)가 배치되었다. 동서로 길게 배치된 강학당에 비해 이 집은 남북으로 배치되어 직교를

소수서원의 건축은 규범에 얽매이지 않고 자유분방하게 배치되었다

서원건축의 대부분이 주자의 백록동서원과 공자를 모신 대성전을 모델로 했다면
소수서원은 자주적이다. 중국을 사모하는 중화주의가 고착되기 전 우리 전통의 생각들이
반영되어 있다. 나날이 새로워지라는 일신재, 안과 밖을 곧고 바르게 하라는 직방재,
학문을 구한다는 학구재, 배움의 깊이를 더하면 즐거움에 이른다는 지락재, 이런
건물들이 제나름의 규범과 질서를 보여준다.

이루고 있는데 한 건물에 두 개의 현판이 붙어 있어 각기 독자적인 쓰임 새가 있음을 알 수 있다. 일신재는 "나날이 새로워지라"는 뜻으로 서원의 교수들이 거처하였다. 직방재는 "안과 밖이 곧고 바르게 하라"는 뜻으로 백운동주(白雲洞主)라 불리던 서원장이 사용하였다.

일신재와 직방재 아래편에는 선비들의 공부방인 학구재(學求齋)와 지락재(至樂齋)가 ㄱ자형 구조로 배치되어 있다. 규모가 생활하기에는 불편했을 정도로 작지만 건물의 구조는 간결하면서도 소박한 멋을 지니고 있다. 옛 선비들은 이렇듯 청빈한 삶을 가장 큰 덕목으로 삼았고 또 작은 공간이 공부하기에는 효율적이라고 생각했었다.

특히 이들 학생들의 거처를 눈여겨 보면 스승들의 거처인 일신재 직방재에 비해 그 크기와 높이가 현저하게 줄어들었고 배치 또한 한발치 뒤로 물러서 있음을 알 수 있다. 이는 건축을 살아 있는 인격체로 생각하며 만들었고 제자는 스승의 그림자도 밟지 않는다는 지극한 예법을 실현한 것이다.

소수서원의 출발점이 되었던 안향 선생의 사묘는 서원의 가장 깊숙한 안쪽에 담장으로 독립된 영역을 구축하여 배치했다. 문성공묘라 불리는 사당은 서원 안에서 유일하게 단청을 칠하여 그 격을 달리하고, 들어가는 문이 중국식의 삼문이 아니라 단문으로 이루어져 있다. 현재 사당에는 문성공 안향을 비롯하여 안향의 후손으로 고려 말에 문신으로 이름을 떨친 안보와 안축, 그리고 창건주 주세붕을 함께 배향하고 있다.

이밖에도 소수서원에는 책을 보관하던 장서각과 제사 때 음식을 준비하는 곳인 전사청, 안향 선생의 영정을 모신 영정각 그리고 최근에 세워진 사료전시관 교육관 등이 있다. 사료전시관과 교육관을 제외하고는 모두가 옛모습을 그대로 간직한 것들이다. 최초로 세워진 서원의 모습과 그 속에 담긴 생각들을 살필 수 있는 귀중한 자료가 된다.

소수서원의 건축적 의미를 한마디로 표현한다면 그것은 서원 건축의 정형이 만들어지기 전의 자유로움이다. 그리고 거기에는 오랜 세월 이 땅에서 축척되어온 건축적 이미지와 사유가 깃들어 있다.

소수서원 이후 이 땅에 세워진 모든 서원건축은 중국에 있는 공자의 사당 대성전을 본따왔다. 즉 앞쪽에 강당이 있고 뒤쪽에 사당이 있는 전학후묘(前學後廟) 양식을 따르고 있었다. 그러나 소수서원만은 아직 중국식 규범에 얽매이지 않고 우리 조상들의 전통적인 위차법인 이서위상(以西爲上)의 법칙에 따라 동학서묘(東學西廟)의 구조를 보여준다.

진입하는 문도 중국식의 외삼문과 내삼문의 구조가 아니라 외단문과 내단문으로 꾸며져 있다. 이는 안향 선생이 "나는 평범한 사람이니 절대로 사당을 지으며 화려한 문을 달지 말라"고 한 유언에 따른 것이라고 한다.

그래서 소수서원에서는 서원건축의 최고로 평가되는 병산서원이나 도산서원처럼 단아한 짜임새나 엄숙한 분위기를 느낄 수 없다. 여러 기능의 건물들이 어우러내는 위계질서와 엄숙한 구조에 내재된 힘과 활달한 기상을 찾아보기도 힘들다. 그렇지만 소수서원은 사람의 손을 거쳐 이루어졌지만 전혀 사람의 손을 거치지 않은 듯한 자연스러운 아름다움이 간직되어 있다.

경북 영주시 순흥면 내죽리에 있다. 풍기읍에서 931번 지방도로를 따라 부석사 방면으로 가다 순흥을 지나면 곧 소수서원 입구에 이른다. 소수서원 관리사무소(0572-634-3310)

성리학의 도가 동쪽으로 건너오다

추풍령을 넘어 영남대로를 달리면 비로소 낙동강을 마주하게 된다. 태백산 황지 연못을 시발점으로 하여 영남의 산과 들을 적시며 남해바다로 빠져드는 천삼백 리 물길. 황포돛배가 오르내리던 옛날처럼 푸른 강물이 굽이쳐 흐르지는 못하지만 그래도 이 땅에서 가장 길고 시원스런 강줄기이다.

일찍이 가야의 여러 나라들이 이곳을 무대로 철기문화를 꽃피웠고 신라 천년의 영화도 이 강가에서 찬란히 빛났다. 또 조선의 큰 선비 가운데 이 강물에 갓끈을 드리우지 않은 이가 없었으니, 낙동강은 분명 우리에게 문명의 도도한 흐름이고 약동하는 삶의 젖줄이었다.

고대문명의 발상지가 그러하듯이 인간이 싹틔운 역사는 모두 강으로부터 시작되었다. 오늘날 우리의 국토에서 강줄기의 삶은 몰라보게 왜소하고 무기력해졌지만 강은 유사이래 언제나 역사의 한복판에 있었다. 산이 정신을 길러냈다면 강은 그 정신이 만나는 장소이고 교류의 현장이었다. 그 길을 따라 물화가 지나갔고 현인이 지나갔으며 전쟁의 말발굽 소리가 지나갔다. 그리고 그곳에 축척되는 것은 언제나 기름진 토양이었고 넉넉한 어머니의 가슴이었다.

맛배지붕의 깔끔한 선과 별무늬 담장이 인상적인 도동서원

유유히 흘러가는 낙동강을 바라보며 대니산 중턱에 자리잡은 도동서원은 조선조
성리학의 적통을 잇는 한훤당 김굉필을 기념하여 세워졌다. 연산군의 폭정이 몰아치는
사화의 계절에 스승과 함께 죽음으로써 진리를 실천했던 이 도동서원은 그 순교자적인
생애의 엄숙함으로 조선 중기 서원건축을 대표한다.

그래서 인류의 모든 겨레에게 강은 경외와 숭배의 대상이다. 오랜 전쟁터를 헤매이다가 고향으로 돌아와 변함없이 흘러가는 돈강을 바라보며 환호성을 지르는 코샤크족의 젊은이들처럼 우리에게도 강은 그런 감격의 대상이다.

현풍에서 낙동강쪽으로 난 작은 지방도로를 따라 가다 대니산 중턱에서 만나는 다람재. 우리 땅에서 강줄기의 모습을 보면서 감격할 수 있는 곳이다. 고갯마루에 올라 유유히 흘러가는 낙동강을 바라보라. 비록 무심한 나그네일지라도 그 강줄기에 어찌 환호하며 함성을 지르지 않을 수 있을까.

그리고 거기 숨은 듯이 자리잡고 있는 흰옷 입은 할배들의 집 도동서원. 역사의 물줄기가 흘러가는 낙동강을 바라보면서 오늘도 깊숙이 묻어둔 이야기를 가득 풀어내고 있지 않은가.

소수서원 도산서원 병산서원 옥산서원과 더불어 우리나라 5대 서원으로 꼽히는 도동서원은 한훤당 김굉필(寒暄堂 金宏弼 1454-1504)을 추모하기 위해 세운 서원이다. 한훤당은 고려 말 정몽주로부터 비롯되어 길재 김숙자 김종직으로 이어지는 조선조 유학의 도통을 이어받은 사림파의 종장으로 정여창 조광조 이언적 이황과 함께 동방 5현으로 꼽히는 인물이다.

그가 태어난 곳은 서울의 정동이었지만 성장한 곳은 증조부 때부터 연고를 맺은 이곳 낙동강이 바라보이는 현풍의 대니산 남쪽 솔례촌이었다. 증조부 김중곤은 조선 초기 과거에 합격하여 예조참의를 지낸 인물인데 현풍 곽씨 집안에 장가를 들어 이곳에 세거지를 마련하였다. 그러나 아버지 대에 와서 벼슬은 미미해졌고 향리에 낙향하여 소일하는 처지가 되었다.

이러한 가문의 정치적 좌절의 영향을 받아서였을까, 어린 시절 한훤당은 매우 호방하여 놀기를 좋아했고 거리를 돌아다니면서는 사람들을 닥치는 대로 매로 치는 일이 많아 망나니로 불릴 정도였다고 한다.

사람들이 마주치기조차 꺼려했다는 호방불패한 청년이 마음을 잡은 것은 18세 때. 합천 야로에 있는 평양부원군의 집안 박씨 부인과 혼인을 하면서부터이다.

결혼과 동시에 합천군 야로의 처가 근처에 한훤당이란 서재를 짓고 학문에 열중하는데 이때 자신의 운명을 결정지을 스승 김종직을 만났고 그의 문하에서 소학을 배우며 큰 선비가 될 기틀을 다져나간다. 당시 그는 군자학의 입문서라 할 소학에 심취하여 다음과 같은 시를 남겼다.

글공부를 하였으되 아직 천기를 알지 못하였더니
소학책 속에서 지난날의 잘못을 깨달았네
이로서 자식된 도리를 다할 것이지
구차하게 가죽 옷과 살찐 말을 부러워 무엇하리

이 시를 보고 김종직은 "이 말은 성인이 되는 바탕이다. 어찌 허로재(원나라의 유학자 허연)의 뒤에 그만한 사람이 없겠는가" 하며 제자의 장대한 입지를 찬탄하였다. 그는 스승의 기대처럼 조선 유학의 적통을 잇는 성인이 되었다.

하지만 그 영광은 안타깝게도 죽음으로 얻어진 것이다. 그는 김종직의 제자라는 이유만으로 순교자처럼 최후를 맞은 비운의 주인공이 된다.

스물여섯에 생원시에 합격한 뒤, 줄곧 학문에 정진하였던 그는 나이

마흔이 되어서야 벼슬길에 나서 사헌부 감찰, 형조좌랑 등을 지냈다. 그러나 1498년 연산군 4년 김종직이 지은 「조의제문」이 빌미가 되어 무오사화가 일어나고 김종직의 문도로서 붕당을 만들었다는 죄목으로 평안도 회천으로 유배되었다.

김종직이 쓴 「조의제문」이란 단종폐위사건을 항우에게 죽임을 당한 초나라의 의제에 비유하여 은근히 세조를 비방하고 단종을 조의한 글. 훈구파가 연산군을 부추겨 사림파를 제거하는데 빌미로 삼았던 것이다. 그리고 6년 후 폐비 윤씨의 문제로 다시 일어난 갑자사화 때 '무오당인'이란 명목으로 이배된 귀양지 순천에서 역적으로 몰려 효수되는 운명을 맞았다.

김굉필은 형이 집행되기 전 조금도 낯이 변하지 않는 모습으로 의연히 죽음을 맞았다고 한다. 수염을 간추려 입에 머금으면서 "신체발부는 부모에게 받았으니 이것마저 칼날에 상하게 해서는 안되겠다"는 말을 남기며……. 도를 깨우쳐 그 이상을 실천하기 위해서 죽음도 두려워하지 않았던 조선 선비의 거룩한 최후였던 것이다.

이러한 순교적인 생애로 하여 그는 사림으로부터 최상의 칭송을 받았다. 장현광이 쓴 신도비에는 "선생은 비록 높은 지위를 얻어서 도를 행하지는 못했고 미처 책을 저술하여 가르침을 남기지는 못했으나, 능히 한 세상 유림의 으뜸 스승이 되었고 죽음으로써 도학의 기치를 세웠다"고 헌사되어 있다.

연산군의 폭정 시절에 이루어진 그의 억울한 죽음은 중종반정으로 정국이 급반전되면서 곧바로 복권된다. 중종은 신진 사림을 중용하여 자신의 정치세력으로 삼았다. 그 선두에 조광조가 있었고 조광조는 김굉필의

직계제자였다. 당연히 그의 명예는 회복되어 죽은 지 3년 만에 도승지로 추증되었고 선조 8년에는 영의정에 증직되었으며 문경(文敬)이란 시호를 하사받았다. 또 광해군 2년에는 성균관과 각 도 유생들의 상소에 의해 동방 5현으로 문묘에 배향되는 영예가 주어졌다.

하지만 안타깝게도 그의 학문과 사상을 이해하는 것은 쉽지가 않다. 두 차례의 사화를 겪으면서 그가 남긴 저술이 대부분 불태워졌기 때문이다. 다만 문장중심 정치중심으로 아직 철학적인 단계로 발전하지 못한 조선 전기의 유학을 실천중심의 도학적 단계로 끌어올렸다는 평가를 받고, 그의 학통이 조광조와 정구를 거쳐 허목과 이익으로 이어져서 실학파의 연원이 되었다고 본다.

한훤당 김굉필을 추모하는 서원이 세워진 것은 1568년 선조 원년이었다. 원래는 지금의 장소가 아닌 현풍현 비슬산 기슭에 세워져 쌍계서원이라 했으나 임진왜란 때 불타버렸다.

1605년 중건 논의가 있을 때 처음에는 옛터에 다시 지으려고 했으나 그곳이 번거로운 시정과 가까워 강학의 장소로 마땅치 않아 낙동강이 보이는 대니산 기슭으로 옮겨온 것이다.

이때 서원의 건립을 주도했던 인물은 한훤당의 외증손이자 영남학파 예론의 최고 이론가였던 한강(寒岡) 정구(鄭逑)이다. 그러한 탓인지 도동서원은 서원건축이 가져야 할 유교적 규범과 예법을 충실하게 따르고 있다. 그 이름 속에도 '성리학의 도가 이제 동쪽으로 건너왔다'는 자부심 넘치는 의미를 담고 있다.

서원은 낙동강이 굽어 보이는 대니산 언덕받이에 위치해 있어 한눈에 힘과 권위를 느끼게 한다. 가파른 경사지를 18개의 석축으로 단을 쌓고

수월루에서 강당으로 들어가는 환주문의 자태

내 마음의 주인공을 부르는 문, 환주(喚主)는 배움의 공간인
죽정당으로 들어가는 문이다. 갓 쓴 선비라면 반드시 이 문에서
고개를 숙여야 한다. 우리나라 건축에서 가장 귀엽고 매력적인
환주문 앞에 서서 옛사람의 지극한 마음을 생각한다. 모름지기
진리의 길에 들어선 사람이라면 이처럼 몸을 낮추고 나지막이
자신을 불러보아야 하지 않을까.

터를 닦아 건물들을 배치하였다. 모든 건물들을 아늑한 담장으로 감싸안아 엄정한 질서와 통일성이 강조된 모습이다.

선비들이 자연을 감상하며 휴식을 취하던 누각 수월루(水月樓). 그 밑을 통과해 환주문(喚主門)을 들어서면 배움의 공간인 중정당(中正堂). 그 뒤편으로는 한훤당과 서원의 창건주 한강 선생의 위패를 봉안한 사당이 위치하여 전형적인 전학후묘(前學後廟)의 구조를 하고 있다.

도동서원 건축에서 제일 먼저 눈에 띄는 점은 이들 건축의 지붕 생김새가 모두 맞배지붕이라는 점이다. 수월루와 환주문이 예외이나 이들은 근래에 중건된 것이거나 규모가 작은 출입문의 지붕이다. 서원의 원형과는 크게 상관 없는 것들이다.

맞배지붕은 단순하면서도 엄숙한 느낌을 자아내는 건축양식이다. 주로 엄격하고 신성함을 상징하는 사당 건물의 지붕에 빠짐없이 등장한다. 하지만 여기에서처럼 모든 서원의 건물이 맞배지붕으로 통일된 경우는 극히 드문 예이다. 이는 이 도동서원이 갖는 위엄과 권위를 상징하는 것이기도 하다.

또 정확한 직선의 중심축선상에 서원의 중요한 건물들을 배치해 놓은 것도 눈여겨볼 만하다. 수월루 환주문 중정당 내삼문 사당이 일직선을 이루고 있으며 그 중심축을 강조하기 위해 좁은 폭의 길과 계단도 모두 서원의 한가운데를 관통하고 있다. 이들은 모두 엄격한 성리학적 규범성을 강조하는 건축수법들이다. 이러한 규범성은 어느 한 곳으로 치우치지 않은 중용의 도를 뜻하는 것이며 일체의 이단도 허락하지 않았던 조선 중기 유학의 한 특징이기도 하다. 이에 반하여 조선 초기 유학자들은 훨씬 다양하고 여유있는 사고의 틀을 지니고 있어 건축에서도 자연과의 조화를 우위에 둔 점이 좋은 비교가 된다.

하지만 도동서원의 건축이 지나치게 규범과 엄숙성에 빠져 획일주의로 흐른 것만은 아니다. 서원의 건물들을 그 위계에 따라 규모에 차별화를 두어 다양성과 변화를 연출해내고 있다. 예를 들어 강당인 정중당의 규모는 위압감을 느낄 만큼 육중하지만 그 앞 학생들의 기숙사인 동재와 서재는 주종관계를 연상할 만큼 낮고 작은 규모이다.

서원의 출입문인 환주문 역시 이들 건물들과의 비례를 염두에 둔 규모임을 알 수 있다. 이렇듯 동일한 지붕의 구조로 통일성을 구축하고 동시에 규모의 차별화로 다양성이 내재된 전체성을 획득한 것이 도동서원 건축 미학이라 할 것이다. 그것은 당시 유학자들이 추구했던 시대의식의 표현이기도 했다.

도동서원 건축에서 문화재로 지정되어 주목받는 것은 중정당과 담장이다. 중정당은 서원의 중심영역으로 높은 기단 위에 세워져 흔들림 없는 도학자의 풍모처럼 당당한 모습이다. 특히 건물의 장중함과 대비가 되는 기단의 석축은 마치 조각보를 깁듯이 하나하나 짜 맞춘 모습이어서 그 공력과 정성에 감탄이 절로 나온다. 자세히 들여다 보면 평범하게 네모난 돌보다 여섯 모 이상의 각진 돌들로 짜맞추어 얼마나 공력을 들였는지 짐작할 수 있다. 또 군데군데 꽃송이와 다람쥐 모양이 조각된 돌도 있으며 여의주를 물고 있는 용머리 장식도 박혀 있다. 흡사 몬드리안의 추상작품을 석축으로 번안해 놓은 듯하다.

도동서원의 담장은 우리나라 담장중 유일하게 문화재로 지정된 것이다. 진흙과 암키와를 교차로 쌓아 올렸는데 담장의 전면에 걸쳐 드문 드문 수막새를 박아 연출한 별무늬 문양이 인상적이다. 특히 이 담장은 다

중정당에서 바라본 수월루

좌우 한 칸씩 온돌방을 들이고 자리잡은 중정당은 강학이 이루어지던 공간이다. 이곳에
앉아 서원장이 바라보는 풍경이 도동에서는 대표적인 경관인데 기둥 사이로 마당,
담장, 환주문, 수월루, 낙동강, 그 너머의 안산이 수없는 선으로 중첩되며 펼쳐진다.
중정당은 바로 이 경관을 선택하여 건축화한 것이다.

양한 형태를 지니고 있는 서원건축을 하나로 집합하고 경사진 산등성이를 따라 상쾌한 스카이라인을 만들어낸다. 건물의 지붕선과 담장의 선이 하나로 어우러지는 우리 고전건축에서 가장 아름다운 한 장면이 된다.

대구광역시 달성군 구지면 도동리에 있다. 구마고속도로 현풍인터체인지에서 1093번 지방도로를 따라 구지쪽으로 7백미터쯤 가면 대리 삼거리가 나온다. 여기서 오른쪽으로 9킬로미터쯤 가면 서원이 있는 도동리에 이른다. 도동서원 관리인(053-617-7620)

늦은 오후 푸른 절벽을 벗삼아

추로지향(鄒魯之鄕)이라 불리는 곳, 안동은 문향이 가득 서려 있는 땅이다. 공자가 태어난 노나라와 맹자가 태어난 추나라같이 예절을 알고 학문을 숭상하는 고을이란 뜻이다.

옛부터 이름난 선비가 많기로 소문난 고장. 발길 닿는 곳마다 선비들의 자취가 역력하다. 고려 말의 유학자 우탁 선생과 조선시대의 퇴계 이황 선생을 비롯하여 서애 유성룡, 학봉 김성일 등 기라성 같은 인물들이 끊이지 않았다. 또한 이들이 머물렀던 자취로 수많은 종가집과 서원, 정자, 누각들이 즐비하여 능히 우리나라 유교 문화의 메카라 불릴 만하다.

정치적으로는 지역의 토호로서 동족가문의 세력을 형성하고 영남학파의 본류가 된 안동의 양반들. 이들의 뿌리는 일찍이 견훤과 왕건이 이 지역에서 한판 승부를 겨루던 때까지 거슬러 올라간다.

신라 말 후백제의 견훤이 군사를 이끌고 신라의 도성 서라벌까지 유린하면서 승승장구할 때, 팔공산 싸움에서 패한 후 권토중래를 꿈꾸던 왕건이 이곳 낙동강 유역의 안동에서 회심의 일전을 벌이게 된다.

전력상 왕건의 군사는 열세였으나 안동의 토호세력 권행, 김선평, 장길 등이 왕건에게 협력함으로써 대승을 거둘 수 있었다. "견훤은 우리와

204

입교당에서 바라본 만대루와 병산의 푸른 산줄기

풍산평야에서 낙동강 줄기를 따라가면 흰 모래밭과 푸른 소나무숲 사이로 3백년 된
옛집이 자리잡고 있다. 조선시대 서원 건축의 백미로 꼽히는 병산서원이다.
영주 부석사가 불교건축의 아름다움을 대표한다면 병산서원은 유교건축의 맨
앞자리이다. 한국 건축의 고전이 되어버린 옛집의 뜨락을 거닐다 보면 우리는 자연을
자신의 삶 속으로 끌어들여 여유롭게 살아갔던 눈 밝은 옛사람들의 지혜를 만난다.

함께 한 하늘 아래 살 수 없는 원수다"라는 것이 그들의 논리였다.

그 후 이 지역의 호족들은 고려 개국의 삼태사(三太師)라 불리며 출세 가도를 달렸고, 오늘날까지 안동의 명문가로 이름높은 안동 권씨, 안동 김씨, 안동 장씨의 시조가 되었다.

또 1361년 홍건적의 침입으로 공민왕이 피난을 와 임시 수도가 되자 안동은 대도호부로 승격되었고, 그 후 더 많은 명문가를 배출하게 되었다. 우리에게 잘 알려진 하회마을의 풍산 유씨도 이 시기에 기반을 잡은 성씨이다.

유림의 고장 안동 땅의 지체 높은 양반 문화를 한눈에 살필 수 있는 곳으로는 뭐니뭐니 해도 하회(河回)마을이다. 낙동강 줄기가 몸을 비틀며 굽이치는 강변에 1백여 채의 고가들이 옛모습을 지키고 있다. 마치 시간의 흐름을 조선시대쯤으로 돌려놓은 듯싶다. 토담 너머 금방이라도 갓 쓴 할아버지의 기침 소리가 들려올 것만 같은 그런 고즈넉함이 깃들어 있다.

마을의 생김새가 강물 위에 떠 있는 꽃송이 같다고도 하고 산과 물이 얼싸안고 흐르기 때문에 산태극, 수태극이라고도 한다. 또 배가 떠가는 행주(行舟) 형국, 숯불이 이글거리는 다리미 형국이라 하기도 한다.

하회마을은 이러한 터의 음덕 때문인지는 몰라도 임진왜란 때에도 피해를 입지 않았고 대대로 정승 판서가 끊이질 않았다. 또 조선 중기 이후 서애 유성룡과 그의 형 겸암 유운룡의 후손들에 의해 괄목할 만하게 성장하여 풍산 유씨의 작은 왕국과도 같은 동족 마을을 형성하게 되었다. 김해 허씨가 터를 닦아 놓으니 광주 안씨가 집을 짓고 풍산 유씨가 그 집에서 잔치판을 벌였다는 말처럼.

하회마을의 역사를 온전하게 살피려면 마을만 둘러보아서는 안된다.

이 뿌리 깊은 전통 마을의 정신 문화가 배양된 교육과 학문의 현장을 찾아가 보아야 한다.

그곳이 하회에서 4킬로미터쯤 떨어진 곳에 위치한 병산리이다. 소란스런 관광지로 전락해 버린 하회마을. 이에 비해 아직은 찾아오는 사람이 드물지만 안목 있는 사람들이 빠뜨리지 않는 비장의 답사처다. 조선시대 서원 건축의 백미로 꼽히는 병산서원(屛山書院)이 바로 거기에 있다.

안동에서 하회마을로 들어가기 전 현외리에서 왼쪽으로 난 작은 농로를 빠져 나와 낙동강을 따라 고갯길을 넘어가면 병산서원에 이르게 된다. 예전에는 하회마을에서 나룻배를 타고 강물을 거슬러 오르던 뱃길이 있었다. 지금은 나루터가 폐쇄되어 육로로만 갈 수 있다.

임진왜란 때 명재상으로 국난을 슬기롭게 극복했던 서애 유성룡과 그의 셋째아들 수암 유진을 배향한 서원. 하회의 풍산 유씨 가문에 뿌리를 두고 있다.

서원이 자리잡고 있는 터는 태백산에서 뻗어 내린 학가산의 줄기인 화산(花山)의 동남쪽 기슭으로 강 건너 병산(屛山)을 마주보고 있다. 풍산 평야를 적시며 흘러오는 낙동강이 화산을 만나면서 S자의 급한 물길로 흐르다 건너편 기암 절벽으로 이루어진 병산의 품에 잦아지는데, 강변에는 노송 여섯 그루가 그윽한 자태로 서 있다. 병산이란 이름은 병풍처럼 펼쳐진 산의 생김새 때문에 붙여진 것이고, 서원의 명칭도 여기에서 유래된 것이다.

풍수지리상 이곳은 학가산에 뿌리를 두고 꽃송이가 피어난 형국으로 꽃의 수술에 해당하는 화혈(花穴)에 서원의 주춧돌을 놓았다. 또 이 터는 들어오는 물길이 급류를 이루어 흐르기 때문에 강물에 실려 오는 재부가

쌓일 겨를이 없어 가난의 멍에를 운명처럼 짊어진 땅이라는 이야기도 있다. 그래서 병산리는 대부분이 서원의 토지에 연명하는 소작인이나 노비들의 삶터라고 해석하기도 한다.

그러나 서원의 입지 조건으로는 최상이다. 잡다한 민가에서 멀리 떨어져 우마(牛馬) 소리가 들리지 않는 지밀한 곳. 교육 환경으로는 더할 나위가 없다.

또 아름다운 자연 환경은 천인합일(天人合一)의 성리학적 관념을 잘 반영해 주고 있다. 뛰어난 경치를 지니고 있는 땅에는 자연의 신령스런 기운이 서려 있기 마련, 훌륭한 인재를 배출할 수 있다는 것이 우리 선조들이 자연을 바라보는 눈이었다. 특히 서원에서 마주 바라보이는 병산은 오행 중에서 목(木)에 해당된다. 나무의 성질은 하늘을 향해 뻗어 올라가는 기운이 강하다. 지조 높은 선비를 기르는 터로는 최상의 배치가 되기도 한다.

병산서원의 내부 구조를 들여다 보기 위해서는 '예의를 다시 갖춘다'는 뜻이 담긴 복례문(復禮門)을 통과한다. 문을 들어서면 일곱 칸의 누다락인 만대루(晩對樓)가 압도하듯 서 있다. 서원의 중심 공간인 강당은 이 누마루 밑을 통과해 올라가기 때문에 극적 효과가 내포되어 있다.

만대루를 거쳐 서원 마당에 이르면 좌우에 학생들의 기숙사 격인 동재와 서재가 마주보고 있고 앞쪽에 입교당(入敎堂)이 있다. 입교당은 서원 건축에서 가장 중요한 기능을 하는 강당으로 스승과 제자 간의 강회가 열리는 공간이다.

강당과 동재, 서재는 그 크기와 위치에 있어 교육 기능의 의례에 적합한 배치로 성리학적 엄격성이 드러나 있다. 그리고 이러한 건축공간의

만대루의 기둥에는 세월의 옹이가 박혀 있다

기둥에도 뿌리가 있다. 세포를 움직여 숨쉬고 있는 것만이
대지에서 자양분을 길어 올리는 것이 아니다. 제멋대로 생긴
초석 위에 몸을 의지한 채 세월을 견뎌온 기둥들도 살아서
옹이진 세월을 증언하고 있다. 그리고 옷깃을 여미고 기둥
사이를 통과해 더 큰 세계를 모색하라고 한다.

엄격성과 답답함을 해소시키기 위해 앞마당에 만대루 누각이 자리잡고 있다.

사방이 툭 터진 만대루. 답답한 내부 공간에 개방성을 부여하고 주변의 자연 경관을 일곱 칸이나 연속되는 기둥틀을 통해 서원 내부로 끌어들이는 역할까지 하고 있다. 공간의 단절과 연결, 폐쇄와 개방성이라는 대립적 의도를 동시에 충족시키면서 엄숙하면서도 활달한 공간감을 연출하고 있는 것이다.

만대루와 입교당이 병산서원의 교육 공간이라면 존덕사(尊德詞)는 제사 공간이다. 선현의 위패를 모신 사당으로 여기에서는 주로 비일상적인 의례가 베풀어진다. 때문에 그 건축적 분위기도 다분히 종교적이고 공간의 신성함을 돋보이게 하기 위해 서원의 가장 높고 깊은 곳에 위치한 것이 특징이다.

사당 옆에 딸린 전사청(典祀廳)은 춘추 향사 때 제물을 장만하고 보관하는 곳. 그 아래 주소(廚所)는 서원에 필요한 노역과 관리를 맡아 하는 서원지기가 기거하는 집이다. 사당 왼쪽에 위치한 작은 건물은 장판각으로 목판을 보관하며 서원의 출판소 기능을 하는 곳이다.

이와 같은 독립된 구조와 기능을 가진 건축물의 집합으로 이루어진 병산서원의 건축적 특징은 철저하게 내부 중심적인 구조로 이루어진 점이다. 밖으로 드러나는 인위적인 외관이나 형상보다 안에서 바라보이는 경관의 모티브가 이 건축의 결정적인 구성 요소가 되고 있다.

밖에서 볼 때는 담장과 지붕으로 중첩된 감탄할 일이라곤 손톱만큼도 없어 보이는 단지 기와집일 뿐이다. 막상 건물 안으로 들어와 보면 전혀 다른 느낌으로 살아난다. 다시 말해 사용자의 입장에서 건축의 실용성을 어떻게 극대화시킬 것인가 하는 한국 건축의 가장 큰 특징인 이 명제가 행복하게 구현되어 있는 것이다.

특히 건축사에 문외한인 일반인에게도 첫눈에 감동을 주는 명품은 역시 만대루다. 서원의 선비들이 시회를 열며 담소를 나누었을 열린공간. 건물은 이층으로 지어졌는데 아래 위층이 대조적인 기법으로 이루어진 것도 눈여겨보아야 한다. 아래층은 다듬지 않은 자연석을 그대로 주춧돌로 사용하였으며 휘어진 형태의 나무 기둥을 그대로 사용했다. 위층은 이에 비해 모든 기둥을 단정한 민흘림으로 처리하였다. 지붕의 결구들도 깔끔하게 처리하여 일층 구조와는 상반된 이미지를 대비시켜 활달하고 생동감 넘치는 분위기로 표현하고 있다.

뿐만 아니다. 눈앞에 펼쳐지는 병산 봉우리와 유장하게 흘러가는 강줄기에 조응시키기 위해 누각 건물을 일곱 칸의 기다란 구성으로 처리하고 있다. 옛사람들의 빼어난 안목이라 아니 할 수 없다.

만대루 누각의 이름은 두보의 시 백제성루(白帝城樓)의 "푸른 절벽은 늦은 오후에 대할 만하다"는 구절에서 따온 것으로, 강물이 굽이쳐 흐르는 누마루에 올라 여유롭던 옛 선비들의 풍류를 담고 있다.

가을날의 투명한 햇살이 쏟아지는 3백년 묵은 옛집의 마룻바닥에 앉아 병산의 푸른 절벽을 바라본다. 나그네는 다시 한번 우리 문화의 찬미자가 된다. 그 옛날 선비의 풍모는 갖추지 못하였을지라도.

경북 안동시 풍천면 병산리에 있다. 안동시에서 예산방면 34번 국도를 따라가다 풍산읍에서 하회마을로 진입, 하리마을 입구 한국가면미술관에서 왼쪽으로 난 길을 따라 4킬로미터쯤 가면 병산서원에 이른다. 병산서원 관리인 유시석(0571-853-2172)

불명산 자락에 숨은 듯이 자리잡고 있는 화암사

숨소리마저 들리지 않는다. 깊은 산중에 결사하여 장좌불와의 세월을 살아가는 다섯 분의
부처님. 그들이 바라보는 세계는 깊고 깊은 우물 속 같다. 그곳에는 흰구름이 떠가는
산마루가 잠겨 있고 밤이면 초겨울의 쓸쓸한 별들이 쏟아져 내려 보석처럼 빛을 발한다.
그러나 그들은 텅 빈 공간만을 응시하고 있을 뿐이다.

번뇌는 사라지고 푸른 산을 만나다

완주 화암사

　요즘들어 속세를 떠나 있는 절다운 절을 보기가 힘들어졌다. 이름없는 작은 암자를 제외하곤 대부분의 절집들은 자동차와 관광객들로 넘치고 있다. 길품은 수월해졌지만 대신 그 옛날 우리들을 감동시켰던 고색창연한 산사의 풍경은 사라진지 오래다.

　더구나 80년대 이후 대규모 중창불사가 이루어지면서 사찰 건축에서 자연과의 조화라는 미덕은 크게 훼손되고 말았다. 외형적인 화려함을 추구하는 저급한 논리에 휩쓸려 길손의 마음까지 행복하게 감싸주던 공간의 질서는 찾아보기 어렵게 됐다. 주어진 자연의 정경을 존중해 주면서 그곳에 또 하나의 세계를 창조해냈던 수준 높은 건축적 사유를 상실해버린 것이다.

　하지만 전라북도 완주군 운주면 가천리 불명산 자락에 자리잡고 있는 화암사는 그 외풍으로부터 아직 의연하다. 첩첩산중에 묻혀서 문명의 이기를 거부한 채 학처럼 고고하다.

　우선 이 절은 찾아가는 길부터가 남다르다. 위락시설로 흥청대는 여느 사찰과는 달리 음식점 하나 보이지 않는다. 드문드문 산골 농부의 외딴집만이 이정표가 되어준다. 산문을 알리는 그 어떤 조영물이 배치되어 있지도 않다. 오직 농로가 끝나는 곳에서 곧바로 호젓한 오솔길만이 나그네를 마중나와 맞는다. 꾸며지지 않은 야생의 길 그대로이다.

그러나 이 길은 그냥 산길이 아니다. 속세를 등지고 저 깊은 마음의 세계를 향해 가는 구도자의 길이다.

절집은 인적이 끊긴 길을 따라서 휘적휘적 20여분 쯤 오르면 바위벼랑 위에 둥지를 틀고 앉아 있다. 가파른 낭떠러지를 쇠사다리를 밟고 올라서면 비로소 산문의 초입에 이른다. 그 첫인상이 흡사 도솔천에라도 올라온 기분이다.

5백년 전 어느 선지식은 화암사에 중창비를 세우면서 그 느낌을 이렇게 적어 놓았다.

"절은 고산현 북쪽 불명산 가운데 있는데 골짜기가 그윽히 깊숙하고 봉우리들은 비스듬히 연해 있다. 사방을 둘러보아도 길이 없고 인마가 끊겨 있어서 나무꾼이나 사냥꾼마저도 이를 수가 없다. 골짜기 입구에 바위벼랑이 있는데 높이가 가히 수십 척이나 되고 뭇 골짜기의 시냇물이 한골로 모여 흐르니 큰 폭포를 이룬다. 바위벼랑의 허리에 너비 한 자 정도의 가느다란 길이 있어 그 벼랑을 타고 들어가면 이 절에 이른다. 골짜기는 가히 만 마리의 말을 갈무리할 만큼 넓고 바위가 기묘하고 나무는 늙어 깊고도 깊은 성채를 이루고 있다. 참으로 하늘이 만든 것이요, 땅이 감추어 둔 도인의 복된 땅이다."

화암사의 아름다움은 이렇게 환상적인 입지조건을 찾아낸 터잡기로부터 시작된다. 굳이 명산에 명승이라고 내세울 만큼 높이와 크기와 화려함을 지니고 있지는 않다. 사람들의 발길이 찾아들기 힘든 오지의 산골짜기에 땅과 하늘이 감추어 둔 이런 복된 땅을 찾아낸 것은 물론 눈 밝은

214

스님들의 안목이었을 것이다.

처음 이곳을 발견한 선지식의 눈에 비친 절터는 부처님 손에 들려 있는 염주처럼 느껴졌다. 염주는 달처럼 둥근 모습이고 그 속에 번뇌를 밝히는 지혜가 들어 있으므로 불명산(佛明山)이라 이름지었다. 절집을 지어 놓고 보니 그 모습이 험한 바위절벽 위에 피어 있는 한 떨기 꽃과 같았으므로 꽃바위 절이란 뜻의 화암사(花巖寺)가 된 것이다.

이름을 풀이해 보면 이 산중 역사의 시작과 끝이 보일 것도 같다. 깊은 산 속 정적이 흐르는 곳, 수행자들이 선정에 들기에 좋은 터였으니 가람의 구성은 많은 사람이 찾아드는 대중교화처가 아니라 자신의 내면을 들여다보는 선사들의 수행처로 만들어졌던 것이다.

세속의 발길을 거부하기 위해 빗장을 걸어잠근 토굴 같은 절, 이런 까닭에 화암사의 건축은 철저히 내부 중심적인 폐쇄성으로 이루어졌다. 힘겹게 바위절벽을 올라서 마주하는 절집이건만 넉넉한 품을 벌려 길손을 반겨주질 않는다. 오히려 위세등등한 사대부의 저택처럼 엄숙하고 완강한 인상이다.

정면에는 허공에 떠 있는 듯한 우람한 구조의 누마루가 압도하듯 발길을 가로 막고 있다. 그 둘레는 마치 난공불락의 요새처럼 돌담장으로 울타리를 치고 있다. 그리고 무엇보다도 대문이 보이질 않는다. 눈썹같은 문지방을 넘어가는 문간채의 진입공간이 있기는 하지만 이것은 대문이라기보다 비밀통로와 같은 쪽문일 뿐이다.

사물을 눈여겨 보는 마음을 가진 사람이라면 이쯤에서 발길을 멈추고 의문에 빠져들게 된다. 밀치고 들어가면 금방이라도 삐걱거리는 소리가 들려올 것만 같은 통문. 그 작은문 앞에 서서 황급히 자신을 추스려 보거나 깊은 한숨을 몰아쉬며 머뭇거리게 된다. '이 절은 아무나 들어오는 곳이 아니니 함부로 발길을 들여놓지 마시오'라는 문구가 읽혀지기 때문이다.

절집 안에 전해오는 이야기에도 이런 사연을 잘 말해준다. 누마루 오른쪽이 본래 대문 자리인데 여기에다 큰문을 설치하면 사람들이 너무 많이 찾아들어 수행하는데 방해가 되므로, 대나무를 심어 막아버렸고 문간채에 작은문을 내어 공부하는 도인들만 들어올 수 있도록 했다는 것이다.

그렇지만 화암사는 일단 이 문턱을 넘기로 작정하고 발길을 들여놓는 사람에게는 대단히 의미있고 신선한 공간의 미학을 체험하게 해준다. 문간채와 누마루, 적묵당에 딸린 부엌이 교차하는 세 건물의 모퉁이를 옹색스럽게 통과하면 극락전 앞마당의 확 트인 세계에 이른다. 부처님 앞에 이르는 진입공간의 동선이 이와 같을까. 마치 어둡고 답답한 터널을 통과하여 광명의 세계에 이르는 것처럼 극적인 효과를 연출한다. 이는 두말 할 것없이 깨달음에 이르는 길과 그 순간의 이미지를 포착하여 건축적으로 보여주고 있는 것이다.

가람배치의 내부구조 또한 전형적인 선종사찰의 형식을 취하고 있다. 주불전인 극락전과 스님들의 선방인 적묵당과 불명당, 그리고 우화루 강당이 ㅁ자형 구조를 이루고 그 중심부의 마당은 빈 공간으로 남겨 놓았다. 이 세상의 중심은 텅 비어 있지만 그것은 눈에 보이지 않는 진리로 가득 채워져 있다는 공(空)사상을 표현하고 있음이다.

그러므로 화암사의 건축공간에서 가장 중요한 핵심요소는 바로 이 텅 빈 마당에 있다고 할 수 있다. 교종사찰에서처럼 여러가지 교리나 형식

216

우화루 한켠에 눈썹 같은 작은 통로가 나 있다

선사들은 문자나 논리에 얽매이지 않는다. 모든 격식들을 파괴해 버린다. 부처를
만나면 부처를 죽이고 조사를 만나면 조사를 죽이는 살활의 길을 산다. 화암사에
살았던 선사들은 그 길에서 번뇌의 입을 틀어막듯 대문을 막아버렸다. 그리고 작은
비밀통로 하나를 내어 놓았다. 돌계단을 지나 눈썹 같은 문지방을 넘어서면
그 비밀의 문 너머 멀리 밝은 빛의 세계가 열려 있다.

에 맞추어 건물들을 나열하는 것이 아니라 가람의 한복판에 빈 공간을 두고 사방에 건물들을 배치하여 정적인 구도를 보여준다. 단순하고 수평적인 구조의 미학을 통해 오히려 고요하면서도 심오한 정신세계를 드러내주고 있는 것이다.

그래서 화암사 극락전 마당 한가운데 서면 깊은 우물 속에 빠져 있는 듯한 전율에 휩싸인다. 적묵당 선방에서 툇마루 너머 마당에 떨어지는 추녀의 그림자들을 보며 빛을 읽고 바람을 느끼며 하늘의 별을 헤아리는 구도자의 호흡이 느껴지기 때문이다. 그 선방의 기둥에는 청산(靑山)과 백운(白雲)이란 글귀가 써 있었다고 전해진다. 선사들은 분명 이 텅 빈 마당에서 번뇌가 사라진 뒤의 푸른 산과 흰 구름을 보았을 것이다.

그러나 이 아름다운 의미가 살아 있는 화암사가 세상에 알려지기 시작한 것은 극히 최근의 일이다. 1978년 문화재 관리국의 학술조사에서 극락전의 하앙(下昻)구조가 발견되면서부터이다.

하앙구조란 공포와 지붕의 서까래 사이에 끼워진 또 하나의 긴 부재를 말하는데, 이 위에 도리를 가로지르고 서까래를 얹으면 처마를 길게 빼낼 수 있는 건축기술이다. 강수량이 많은 평야지대 건축에서 습기로부터 건물을 보호하기 위해 만들어진 양식이다.

중국과 일본의 건축에 흔히 쓰이고 있는 이 하앙수법은 우리나라에서는 실재 유구가 발견되지 않고 단지 고려시대 청동탑의 모형에서만 그 흔적이 확인되었다. 그래서 일본 학자들은 중국의 건축술이 일본으로 직수입되었다는 주장을 펴는 근거로 활용했는데 화암사의 극락전이 발견되면서 이들의 논리는 궁색해져 버렸다.

하앙구조는 백제건축에서 널리 사용된 수법으로 보인다. 화암사의 극

락전이 백제계 건축양식을 계승하고 있고 백제의 장인들이 일본에 건너
가 지어준 호오류사의 금당과 5층탑에도 이런 하앙구조가 사용되고 있기
때문이다.

현재 화암사 건축은 조선 초기에 중창되었던 것을 임진왜란으로 불타
자 1605년 선조 때 다시 지은 것이다. 다행히도 조선 초기에 중창할 때
까지 백제의 건축양식이 남아 있었고 17세기 다시 지을 때에도 앞시대의
형식을 그대로 고수했기 때문에 역사의 둘도 없는 증언자가 된 것이다.

극락전과 함께 화암사에서 주목받는 건축은 우화루. '꽃비가 내리는
집'이라는 아름다운 당호를 지닌 이 건축은 기둥이 훤칠하게 높고 지붕
선의 느낌이 부챗살처럼 산뜻하게 펼쳐져 마치 허공에 떠 있는 듯한 느
낌이다. 그런데 이 건축은 앞쪽에서 볼 때는 다섯 개의 기둥이 떠받치고
있는 2층 구조이지만 극락전 앞마당에서 보면 단층으로 이루어졌다. 마
당을 넓게 쓰면서 수평적 구조에 건물들을 배치하는 평지형 공간을 연출
하기 위해 이런 입체적인 아이디어를 창안해낸 것이다.

하지만 한국건축의 고전으로 꼽히는 이 절집은 언제 누구에 의해 창건
되었는지 알 수가 없다. 조선시대 초기에 세워진 중창비에 원효대사와
의상대사가 머무르며 수도했다는 내용만이 전해질 뿐, 그 이상은 무명의
세월을 고집하고 있다.

연혁과 자취를 알 수 없이 공백으로만 남아 있는 그 오랜 세월 동안 이
곳에서 빗장을 걸어 잠그고 살았던 도인들의 발길도 끊어진 지 오래고,
지금은 주지스님과 공양주 보살, 허드렛일을 도와주는 노인 한 분이 덩
그렇게 절을 지키고 있다.

초겨울 노루꼬리처럼 짧은 햇살이 머물다가 산등성이를 넘어가 버리

닫힌 듯이 열려 있는 우화루 누각

안쪽에서 바라보면 아담한 단층집이지만 밖에서 바라보면 훤칠한 키의 이층 누마루,
허공에 떠 있는 집 우화루는 천상의 건축이다. 지금은 빈 절이라 오르는 이 없지만
바라지 창문을 열고 앉아서 가을 산을 바라보면 분분히 날아드는 가랑잎들이
꽃비가 되어 내린다.

면 추녀마루는 어느새 산그늘에 젖어 쓸쓸한 빛이 역력해진다. 항리 속
같이 깊은 산골이라 유난히 밤이 길다는 곳, 극락전 뒤란의 대나무숲이
몸을 뒤척이며 울음소리를 내기 시작하고 절마당에는 하나 둘씩 초롱초
롱한 별들이 쏟아져 내린다.

　　나그네는 적묵당 툇마루에 앉아서 오래도록 일어서질 못한다. 아, 천
길 바위벼랑 위에 피어 있는 한 떨기 야생화 같은 절, 화암사의 밤은 또
어떤 속삭임을 들려줄 것인가.

❧

전북 완주군 운주면 가천리 불명산에 있다. 호남고속도로 논산인터체인지로 진입한다.
68번 지방도로를 따라가다 가야곡 사거리에서 643번 지방도로로 이동, 화산면 소재지
를 지나 전주에서 대둔산 방면으로 가는 17번 국도를 타고 가면 용복주유소가 나온다.
이곳에서 우회전해 가면 화암사 이정표가 보인다. 화암사 종무소(0652-261-7576)

선방은 매화꽃 향기에 취하고

조계산 선암사

옛 그림 중에 「패교심매도(霸橋尋梅圖)」와 「매화초옥도(梅花草屋圖)」가 있다. 「패교심매도」는 당나라 시인 맹호연이 패교를 건너 설산에 들어가 매화를 찾아다녔다는 고사를 소재로 한 조선 후기 영조 때의 문인화가 심사정의 그림이다.

이른 봄 눈 속에서 피어나는 매화를 찾아 나귀를 타고 온 맹호연과 그를 따르는 동자가 지금 막 패교 앞에 도착한 순간을 그렸는데, 헐벗은 겨울나무 숲의 삭막한 풍경이 고독한 나그네의 심정을 잘 말해 주고 있다.

「매화초옥도」는 조선 말의 화가 전기(田琦)가 그의 벗 오경석에게 그려준 것이다. 깊은 산 속 매화꽃이 가득 핀 산정의 오두막집 창가에 한 선비가 앉아서 피리를 불고 있고 그 친구를 찾아서 홍의(紅衣)를 걸친 나그네가 살곶이 다리를 건너 매화나무 숲으로 들어서고 있는 장면을 화폭에 담았다. 하늘은 금방이라도 눈보라가 몰아칠듯 잔뜩 찌푸려 있는데 오두막집 주변 매화나무 군락에는 눈송이 같은 흰 꽃이 만발하여 스산하면서도 화사한 느낌이 묘한 대조를 이루어 두 사람의 만남을 한층 운치 있게 해준다.

남쪽에서 매화꽃이 핀다는 소식이 들려오면 나는 이 산수화 도록을 펼

3백년 된 고목에서 봄이면 매화꽃이 흐드러지게 피는 선암사

깊고 그윽한 골짜기를 지나 맑은 산빛의 생기가 감도는 곳, 우리의 마음을 사로잡는 그곳에 절이 있다. 매화꽃이 피고 산수유가 피고 영산홍이 피고 봄이 무르익어 가는 계절 내내 단청은 벗겨지고 기와지붕엔 이끼가 가득하지만 그것은 쓸쓸한 모습으로 퇴락해 가는 것이 아니다. 거기에는 문짝 하나라도 그대로 두어 옛사람들의 마음을 이어가고자 하는 오랜 가풍이 살아 있음이다.

쳐 들고 깊은 밤 홀로 앉아서 우수에 젖곤 한다. 쓸쓸히 설산을 헤매이는 맹호연의 풍류와 매화꽃이 피었다는 소식을 듣고 친구의 산정(山亭)을 찾아가는 붉은 옷을 걸친 선비의 여정이 한없이 부럽기 때문이다.

이런 밤엔 광주에 있는 H에게 전화를 한다. 다짜고짜 옛추억을 들먹이다가 봄이 오는 조계산에서 만나자고 약속을 해버린다. 그곳에 꽃이 피고 물이 흐른다는 화류수개(花流水開)의 절 선암사가 있음이다.

조계산은 전남 순천시 송광면, 주암면, 낙안면에 걸쳐 있는 산이다. 고려시대에는 우리 사상사의 한 획을 그었던 종교개혁운동의 근거지였고 굴곡의 현대사에서는 남도사람들이 겪은 수난의 아픈 세월이 간직된 곳이지만 그리운 벗과 함께라면 매화꽃을 찾아가는 서정과 낭만의 여로가 되기도 한다.

무엇보다도 이른 봄 조계산에 가면 이 땅에서 가장 기품 있게 피어나는 노매(老梅)의 아름다움을 만날 수 있다. '호남제일선원'이란 편액이 붙어 있는 달마전 뜨락에 피어나는 매화꽃은 메마른 나뭇가지 사이로 떠오르는 겨울밤의 달빛처럼 청초하면서도 환한 꽃그늘을 만들어준다.

매화는 만물이 추위에 떨고 있을 때 봄소식을 제일 먼저 알려주는 꽃으로 옛사람들의 사랑을 두루 받았다. 그래서 고색창연한 절집의 뜨락이나 은둔지사들이 머물렀던 산정에는 빠짐없이 묵은 매화나무가 세월을 지키고 서 있다.

선암사의 매화가 언제부터 꽃을 피우며 이 땅의 봄을 노래했는지는 알려져 있지 않다. 하지만 고목이 되었을 만큼 연륜이 깊다. 적요만이 가득한 달마전 선방도 봄이 오는 길목에는 매화꽃 향기에 취해서 그 빛이 더욱 옛스러워진다.

백년이 되었는지 5백년이 되었는지 천년이 되었는지 그 나이를 헤아림이 부질없음이다. 해마다 이 꽃그늘 아래서 봄빛을 나누었던 옛사람들의 만남과 풍류를 생각하면서 H와 나는 잠시 세상의 일을 떨쳐버리고 조계산중에서 길을 잃고 헤매는 나그네가 된다.

매화꽃도 매화꽃이련만 이 땅에서 선암사만큼 절다운 절도 없다. 대부분의 절집이 화려하게 단장을 하여 고졸한 맛을 잃어가고 있지만 선암사는 아직도 옛모습 그대로이다. 전각들은 마치 화장을 하지 않는 얼굴처럼 담백한 모습이다. 단청을 했을지라도 세월의 무게가 고스란히 담겨져 고풍스럽기 그지없다.

가람배치도 주변의 산세와 잘 어울려 자연스럽고 조화로운 짜임새를 보여 준다. 마치 오랜 방황 끝에 다다른 성스러운 공간처럼 안온하면서도 평안한 느낌을 간직하고 있다.

선암사의 아름다움은 먼저 산문에 오르는 길에서부터 시작된다. 매표소에서 일주문까지 약 1500미터의 호젓한 산길은 조계산에서 흘러내리는 유현한 계곡미와 어우러져 산사로 오르는 아름다운 진입공간을 보여 준다.

그 아름다움이란 세속에서의 온갖 번뇌와 번거로운 일상을 벗어버리고 깨달음의 공간으로 들어가는 의미를 담고 있다. 굳이 종교적 교리나 강설을 내세우지 않고서도 자연스럽게 깨달음의 경계가 어떤 것인가를 마음으로 느끼게 해주는 것이다.

그 길에는 그곳에 내재된 아름다움의 의미를 더욱 돋보이게 승화시켜 주는 승선교(昇仙橋)와 강선루(降仙樓)가 있다. 자태만큼이나 이름도 멋스러운 신선이 되어 오르는 다리이고 신선들이 내려와 노니는 누각이다.

승선교는 자연 암반 위에 화강암의 장대석을 다듬어서 짜 맞춘 반달 모양의 홍예 위에 둥글둥글한 냇돌을 사용하여 만든 돌다리이다.

돌을 다룬 솜씨가 참으로 정교하기 그지없다. 홍예 밑에서 올려다보면 부드러운 선으로 이루어진 둥근 천장을 연상케 한다. 멀리에서 바라보면 소낙비가 멈춘 푸른 하늘에 떠 있는 무지개처럼 예쁘다. 더욱이 무지개 모양의 승선교에 올라 바라보는 강선루는 흐르는 개울물에 그림자가 어리어 천상의 누각처럼 선경을 자아낸다.

강선루를 지나 일주문에 오르는 길은 점차 경사가 높아지고 사찰입구임을 알려주는 인공 숲이 조성되어 있다. 그 입구에 삼인당(三印塘)이라 불리는 연못이 있다.

삼인당은 경내에서 흘러내려오는 물줄기를 모아서 만든 타원형의 연못으로, 불국사 청운교 백운교 아래의 구품연지와 통도사 금강계단 옆의 구품지처럼 불교적인 사상을 배경으로 만들어진 신라시대의 조경문화이다. 연못 중앙에는 섬이 배치되어 있고 연못가에는 세 그루의 잣나무가 꼿꼿한 그림자를 드리우고 있다. 마치 구도의 길에서 만난 세 사람의 도반이 피안의 세계를 응시하고 있는 듯.

삼인당을 지나 일주문 앞에 이른다. 경사진 조계산 자락을 여러 단으로 깎고 축대를 쌓아 건물들을 배치한 가람이 웅장한 모습을 드러낸다.

가람은 넓은 가슴을 열어 자신의 면모를 다 보여주는듯 하지만 실제 눈앞에 들어오는 정경은 아무것도 없다. 단지 외줄기 길만을 열어놓았다.

일주문을 지나고 가파른 경사의 범종루 밑을 통과해 대웅전에 이르기까지 중심축선에 해당하는 이 동선의 흐름은 호젓하면서도 긴 여운으로 이어져온 진입공간의 느낌과는 사뭇 다르다. 외부공간으로 이어지는 연

대복전이란 순조임금의 어필이 걸린 원통전 뒤뜰

원통전은 관음보살의 자비를 구하는 집이다. 정유재란으로
잿더미가 된 선암사를 중창하기 위해 호암대사가 조계산 꼭대기
배바위에 올라 백일 기도를 했다. 영험이 없자 몸을 던져
투신하였는데 그때 관음보살이 나타나 스님을 받아 안고 소원을
들어주셨다. 정조대왕은 그분의 가피를 입고 순조를 얻었고 선암사
는 대대로 왕실의 복전이 되어 무너진 역사를 일으켜 세웠다.

속적인 느낌은 찾아볼 수 없을 만큼 짧은 직선으로 집중화되어 그간의 호사스러운 감상을 일격에 다잡아주는 듯하다.

그리고 마지막 단계에선 웅장한 규모의 강당이 길을 막고 사찰의 중심 영역인 대웅전으로 가는 길의 동선을 차단하고 있다. 중국 선종의 중흥 조인 6조 혜능선사가 살던 조계산과 선암사의 위치가 같은 곳이라 하여 '육조고사(六朝古寺)'라는 편액이 걸려 있는 만세루이다. 이 강당의 존재로 하여 도입부의 길은 끝이 보이지 않는 아득한 세계로 흩어져 버리고 새로운 개념의 공간으로 도약하기를 요구한다.

단절과 절망, 그 아득한 길의 의미가 내재된 만세루의 모퉁이를 돌아서야 대웅전은 확 트인 마당과 함께 웅장한 자태를 드러낸다. 두말 할 것도 없이 절집의 핵심공간인 법전의 이미지를 극대화시키기 위한 구성이다.

좌우에 스님들의 수행처인 설선당과 심검당을 거느리고 만세루를 마주 보고 있는 대웅전은 조선시대 중창된 사찰에서 흔히 볼 수 있는 터진 ㅁ자 형 구조이다. 주변에 큰 규모의 전각들이 연이어 있어 중심영역으로서의 느낌은 다소 미약한데 마당 가운데 서 있는 두 기의 석탑을 이용하여 중심성을 회복하고 있다. 그리고 무엇보다도 완벽해 보이는 대웅전 자태와 깔끔한 처마 선이 탐방객의 시선을 끌어들이는 흡인력을 가지고 있다.

선암사 대웅전은 조선 후기에 지어진 그만그만한 분위기를 간직하고 있는 목조건축 중 단연 돋보이는 솜씨이다. 특히 중후하면서도 날아갈 듯 상큼한 지붕선은 그 어떤 건축도 흉내내지 못하는 아름다움의 극치이다.

선암사가 자리잡은 터는 풍수적으로 장군이 수많은 부하들을 거느리고 호령하는 장군대좌형이라고 한다. 우리가 이 대웅전의 모습을 바라보면서 절로 즐거워지는 까닭은 그 장군이 압도적인 크기와 힘을 내세우지 않고서도 은근하면서도 조용한 가운데 위엄을 갖춘 덕장으로서의 면모를 갖추고 있음이다.

대웅전의 생김새를 유심히 살펴보면 이런 느낌은 누구나 공감할 수 있다. 우선 다른 사찰의 대웅전처럼 뒷모습이 담장이나 축대로 답답하게 막혀 있지 않다. 복도와 같은 긴 통로와 계단을 따라서 각기 독립된 구조의 전각들로 이어진다.

동선의 흐름도 종횡으로 막힘이 없다. 대칭과 비대칭을 반복하는 원통전 응진각 각황전 영역이 적절하게 공간을 확보하며 자유분방한 가운데 나름의 질서체계를 확립시켜 주고 있다. 이는 한 건물에만 초점을 맞추어 위계질서를 부여하는 단선적인 공간개념이 아닌, 건축의 이미지를 중첩시켜 폐쇄와 개방을 반복하는 가운데 복합적인 이미지를 창조하는 매우 뛰어난 안목으로 이루어진 것이다.

이러한 선암사 건축미의 비밀은 무엇보다도 주어진 자연조건과 조화를 이루려는 정신에서 비롯된다. 선암사 후원의 차밭에서 내려다보면 부드러운 조계산의 능선에 안겨 있는 아늑한 산사의 분위기를 한눈에 조망할 수 있다. 좌우로는 여러 겹의 산줄기가 펼쳐지고 눈앞의 전망은 시원하게 트여 있다. 구도자의 수도장으로는 더할나위 없음이다. 말갛게 새로 돋는 차잎을 보노라면 어디선가 천년 전 이곳에 서서 터잡이를 하던 스님들의 목소리가 들려오는 듯하다.

전남 순천시 승주읍 죽학리 조계산에 있다. 광주에서 남해고속도로를 타고 가다 순천 못 미처 선암사인터체인지로 진입하여 16킬로미터쯤 가면 선암사 입구에 이른다. 선암사 종무소(0661-754-5953)

적막해서 좋고 다정하여 편안하다

김제 귀신사

미륵의 성지 모악산 금산사로 들어가는 용화동 삼거리, 이곳 전주시로 향하는 지방도로를 타고 고개 하나를 넘으면 김제군 금산면 청도리에 이른다. 모악산의 서북쪽 능선에 해당하는 곳, 이곳에 귀신사(歸信寺)란 절이 있다.

귀신사. 절집의 이름치곤 을씨년스럽기 짝이 없지만 조금 눈여겨보면 믿음으로 다시 돌아온다는 뜻이니 그리 이상할 것은 없다. 이 절은 신라 문무왕 16년(676년) 의상대사가 창건한 화엄 10찰 중의 하나로 당시의 이름이 국신사(國信寺)였다.

화엄 10찰이란 새로운 통일국가의 지배이념이 된 화엄사상(요체는 모든 것을 하나로 끌어안은 원융무애의 사상)을 전파하기 위해 전국 각지에 세워진 사찰이다. 수도가 동남쪽에 치우쳐 있었기 때문에 이를 보완하려는 효율적인 국토경영과도 관련이 깊다. 태백산 부석사, 지리산 화엄사, 계룡산 갑사, 가야산 해인사, 금정산 범어사, 모악산 국신사 등이 대표적인 사찰들이다. 이들 사찰의 가람배치는 한결같이 높은 산등성이를 이용하여 사방을 내려다보고 있는 것이 특징이다. 삼국통일을 이룬 자신감의 표현이자 강화된 통치력의 상징이기도 하다.

3층 석탑이 있는 언덕에서 내려단 본 귀신사

선인들이 머물렀던 옛터는 늘 감회가 새롭다. 비록 터는 허물어져 잡초만 무성하고
비바람에 씻겨 흔적조차 찾을 길이 없을 지라도 가슴속에는 언제나 더운 숨결을 전해준다.
더욱이 호젓하게 길 떠나기를 좋아하는 나그네에게 세상을 등지고 운수행각을 벌인
구도자의 자취는 언제나 향기롭기 마련이다.

귀신사는 바로 이러한 시기, 통일을 이룩한 신라가 정복지를 교화하고 회유하는 정책으로 세운 화엄 10찰 중 호남평야를 관장하던 대찰이었다. 지금은 넓은 사역의 중심에 지방도로가 관통했고 마을이 들어차 옛 영화를 짐작할 수조차 없지만, 어수선한 민가와 지방도로를 지워버리고 생각하면 터의 위용만은 광활하다. 명맥만을 유지하고 있는 가람의 모습도 계단상으로 처리된, 예의 화엄 10찰답게 당당했던 흔적을 보여준다.

주지스님의 설명에 따르면 고려 때 원명대사가 중창하면서 구순사(拘脣寺)로 바뀌었고 1873년 고종 때 고쳐 지으며 귀신사(歸信寺)로 개명했는데 현재는 국신사란 제 이름을 찾으려 한다고 한다.

한때는 금산사를 말사로 거느릴 정도의 사세였다. 고려 말에는 전주지방에 쳐들어온 왜구 3백여 명이 기거했을 정도로 큰 규모였다고 하지만 지금은 퇴락할 대로 퇴락해 버렸다. 동시대 어깨를 나란히 했던 사찰들은 오늘날까지도 그 위세를 지켜오고 있지만 귀신사는 패망한 나라의 역사처럼 쓸쓸한 뒤안길로 남아 있으니, 마음의 여로를 더듬는 나그네에게는 발길이 오래도록 머무는 곳이다.

쓸쓸해서 좋고 적막해서 좋다. 탈속한 느낌으로 숨이 막힐 것 같은 그런 경건함보다는 이끼 긴 기와지붕에 잡풀들이 무성히 자라오른 고향에 돌아온 듯한 느낌이다. 아주 오랫동안 마음속으로 그리워 했던 곳에 찾아온 듯한 감회랄까, 귀신사는 어쩜 몰락해 버린 선대의 옛집을 찾아온 이를 반기듯 초행길에도 정 깊은 인사를 건네준다.

옹기종기 살아가는 마을 사람들의 세간살이를 다 구경하고 고샅길이 끝나는 지점이 발 아래 민가를 요사채처럼 거느리고 있는 귀신사 경내. 창건 당시의 잘 다듬어진 돌축대가 반쯤은 허물어져 있고 그곳을 오르면 훌쩍 사바세계를 벗어난 듯 절마당이다.

오래된 빛이 역력하다. 낡았다는 표현보다 고풍스런 분위기라는 말이 한층 어울릴 것 같은 목조건축, 대적광전과 명부전이 마주보고 서 있다. 모두가 단정한 기품이 돋보이는 맞배지붕의 건축이다. 정면 5칸 측면 3칸의 대적광전은 조선 전기의 건축양식을 계승한 다포계 맞배지붕이다. 이러한 양식은 서산 개심사의 대웅보전처럼 주심포계에서 다포계로 이전해 가는 과도기의 절충형식이다. 임란 이후의 목조건축물 대부분이 다포계의 팔작지붕으로 지어진 데 비해 귀신사 대적광전은 앞 시대 양식을 계승하고 있는 것이 특징이다. 지붕의 양 옆에 비바람을 막기 위해 풍판을 달아 놓은 것도, 앞쪽을 장중하게 겹처마로, 뒤쪽은 홑처마로 처리한 점도 특징이다. 그래서인지 당당한 몸체에 비해 지붕의 크기가 옹색해 보이는 것도 사실이다.

이 건물은 정유재란 때 불타버린 귀신사의 역사를 말해주고 있다. 임진년 1차 침략 때에는 귀신사와 금산사가 뇌묵당 처영대사가 이끌던 호남 승병의 근거지, 때문에 정유년 2차 침략 때 철저하게 파괴되고 만다.

법당 안에 들어서면 내부 공간이 답답할 정도로 큰 세 분의 부처님이 모셔져 있다. 법신불인 비로자나불로 법당의 크기에 비해 파탄적인 비례의 거상으로 조성되었다. 이 또한 임진왜란 이후의 문화적 현상이다. 전쟁의 상처로 인해 시름에 빠져 있던 백성들에게는 의지할 수 있는 신통력의 소유자인 거대한 부처님이 필요했다. 수호적인 의미가 강조된 것이다. 전주 송광사에도 법당이 터져나갈 듯한 거불이 조성되어 있는데 그 양식과 제작기법이 흡사하다. 동시대의 한 지역에서 유행했던 문화적 현상으로 이해할 수 있다.

추녀 끝에 매달린 풍경, 풍경소리. 귀가 맑아진다.

풍경소리가 산마루에 부딪혀 맑은 울음소리를 낸다. 밤에도 눈을
뜨고 살아가는 물고기의 용맹한 정신을 배우라고 만들었다는 풍경.
모악산에서 불어오는 겨울 바람이 추녀끝을 스치자 풍경이 운다.
쇠로 만든 종이 우는 것인지 물고기가 우는 것인지 아니면 바람
소리가 우는 것인지 그 무엇이 그리운 내 마음이 우는 것인지……

법당 좌우 벽면에는 16나한상과 석가 삼존상이 모셔져 있다. 희극적
이면서도 천진성이 유감없이 드러난 조각솜씨다. 본래는 응진전에 따로
모셔져 있었는데 건물이 허물어져 법당 안에 모셔두고 있다고 한다. 이
들 나한상과 함께 명부전에 모셔진 여러 소조상들은 조선 후기 불교조각
의 진수라 할 만하다. 머리에 두건을 쓰고 있는 지장보살상을 중심으로
염라대왕을 비롯한 십대왕들이 재판관처럼 늘어서 있다. 사이사이 동자
상들이 빽빽하게 들어선 명부전은 보물창고에 들어선 듯한 느낌이다.

어느 무심한 장인의 솜씨일까. 동자상은 골목길에서 뛰어노는 시골아
이의 모습을 그대로 옮겨놓은 듯 생생하다. 종교적인 신성이나 권위를
내세우지 않고 더벅머리 소년의 모습에서 탈속한 경지를 보여주는 옛사
람의 솜씨가 감탄스러울 뿐이다. 물론 이 명부전의 조각들은 몰락해 버
린 귀신사의 역사처럼 주목하는 이가 없다. 그 흔한 문화재 감투 하나 쓰
고 있지 않아 찾는 이의 마음이 더욱 뜨겁다.

명부전을 참배하고 대적광전 뒤로 돌아서면 언덕길을 오르는 작은 돌
계단이 나온다. 그 길을 따라 오르면 아름드리 느티나무와 시누대밭의
초록 물결이 바람에 휩쓸리는 언덕받이다. 이곳에서 내려다보는 눈맛은
시원하기 그지 없다. 그 아름다운 풍경 속에 소슬하게 석탑 하나가 서 있
다.

높이 4, 5미터의 그리 크지 않은 이 3층석탑은 백제양식을 계승한 고
려시대의 탑이다. 통일신라가 망해갈 즈음 중앙집권적인 왕권체제가 무
너지자 각 지방에서는 호족들이 일어나고 전 시대의 복고적인 양식이 부
활하기 시작했다.

백제계 양식이란 2층 기단의 신라탑에 비해 단층 기단으로 되어 있고

지붕돌의 두께가 얇으면서도 넓고 층급 받침이 별석으로 이루어진 것을 말한다. 그 뿌리는 모두 부여 정림사지 5층탑에 두고 있으며 미감에서는 정림사지탑을 따라가지 못한다. 하지만 유연하고 소담한 느낌만은 모두가 한 계통임을 금방 알아차리게 한다.

또 이 탑은 법당 앞에 세워진 것이 아니라 가람배치와는 아무런 연관이 없는 높은 언덕 위에 세워진 것도 특이하다. 고려시대 유행한 풍수비보탑으로, 풍수지리상 기가 허한 곳을 비보하거나 큰 인물이 나올 명당의 기를 누르기 위해 세워진 것이다.

귀신사에 이 탑과 같은 의미로 세워진 아주 특별한 유물이 있다. 자신의 양물(陽物)을 등 위에 짊어진 돌짐승이다. 불교와 민간에서의 남근 숭배사상이 어우러진 것으로 그 유래를 찾아보기 힘들 만큼 독특하다. 조선 후기 농촌 공동체에서는 생산과 풍요를 기원하는 성신앙이 활기를 띠는데 귀신사 돌짐승은 그러한 민간신앙과 불교가 습합된 예다.

서쪽을 향해 엎드려 있는 돌짐승의 등 위에는 2단으로 분리된 남근석이 세워져 있다. 자세히 보면 이 돌짐승은 목덜미에 갈기가 달린 사자상인데 마을 사람들은 개의 형상이라 말한다. 풍수지리상 이곳의 형국이 구순혈(狗脣穴), 쉽게 말해 개의 음부형국이기 때문에 이 터의 기를 제압하기 위해 그에 상응하는 양물을 세워 놓았다는 것이다. 한때 절 이름이 구순사였던 것도 이러한 풍수적 해석에 대한 의미를 담고 있음이다.

어쨌든 성스러워야 할 부처님의 집안에서 매우 상스러운 호기심을 불러일으키는 유물이다. 더구나 대적광전 앞에는 개의 성기에 짝을 이루는 음부형상의 석조유물이 남아 있어 한층 흥미로워진다. 어떤 이는 이를 두고 조선 후기 불교의 잔폐 중의 잔폐라고 한탄하지만 오히려 낮은 데로 임한 부처님의 또다른 거룩함일 뿐이다. 궁전 같은 법당의 화려함과 고귀함을 버리고 민초들의 희로애락이 있는 삶터로 내려와 그들의 반려자가 되는 하화중생의 모습이다. 수행에 임해서는 모름지기 목숨을 걸고 칼날 위를 걸어가듯 용맹해야겠지만 산 아래 사람들의 마을에 내려와서는 세상의 모든 것을 부처님으로 우러를 수 있고 그들과 기꺼이 한몸이 될 수 있는 것, 그것이 보살행이고 부처님의 참모습이 아닐까.

귀신사는 이렇듯 마을 사람들과 한몸이 되어 살아가면서 부처님의 법을 연명하였으니 거기에는 남근을 세워놓고 자식 낳기를 기원하는 아낙네의 마음과 부처님의 말씀이 모두 한가지였음이다. 그래서 나그네는 이 세상에서 외톨이가 되어버린 것 같은 참담한 심경에 빠졌을 때 무너진 고향 마을의 옛집을 찾듯 귀신사를 찾는다. 그곳에는 언제나 유년시절의 추억이 살아 있는 고향을 찾아온 듯한 그리움이 있고 호젓함이 있다.

다정하고 편안하다. 겨울날 언덕받이 3층석탑 곁에 서서 모악산의 골바람을 맞는 것도 좋고, 대적광전 처마 밑에서 뚝뚝 떨어지는 고드름의 낙수 소리를 듣는 것도 한량없는 기쁨이다. 그럴 때면 나그네는 꼭 명부전 지장보살 옆의 동자상이 된 기분이다. 귀신사는 정말 귀신도 돌아와 쉬고 싶은 편안한 절이다.

❧

전북 김제시 금산면 청도리에 있다. 호남고속도로 금산사인터체인지로 진입하여 금산사 입구 용화동 사거리에서 전주 방향으로 좌회전하면 귀신사가 있는 청도리 마을에 이른다. 귀신사 종무소(0658-548-0917)

송광사 큰절에서 부도암으로 가는 대숲길

눈 내린 날 겨울 산사의 오솔길에서는 모든 것이 또렷해진다.
잘 살아온 일, 못 살아온 일, 허물 많은 세월들이 홑이불을 덮고
창백하게 떨고 있다. 헐벗은 산자락을 뒤로 하고 대숲길에
오르면 그 무엇이 그리운지 야윈 바람소리가 흐느낀다.
겨울 산사의 풍경은 차마 바라볼 수가 없다.

피안의 경계가 어찌 먼 곳에 있으리

절집에서는 인간의 본래 성품을 깨우치는 수행 과정을 소를 찾는 것에 비유한다. 이를 열 가지 그림으로 그려내 심우도(尋牛圖)라 하는데 그 내용은 동자승이 소를 찾기 위해 산중을 헤매이는 것부터 시작된다.

처음으로 등장하는 손에 고삐를 든 동자승의 모습은 수행에 임하는 열의를 말해 주는 것, 그는 머지않아 소의 발자국을 발견하게 된다. 본성의 자취를 어렴풋이나마 느끼게 된다는 뜻이다.

그 다음은 멀리서 소를 발견하는 단계이고 동자승은 가차없이 그 소의 목덜미에 고삐를 채워 사로잡는다. 이는 자신의 내면 속에 간직된 부처를 발견했다는 견성(見性)의 단계, 땅 속에서 제련되지 않은 금광석을 찾아낸 것 같은 상태이다.

그러나 소를 찾아냈지만 그 소는 아직 삼독(三毒)에 물들어 있는 거친 성품의 소유자이다. 이 소를 유순하게 길들이는 목우(牧牛)의 과정이 필요한데 심우도에서는 이를 소의 빛깔이 검은색에서 점차 흰색으로 변해가는 모습으로 묘사한다.

소가 완전히 흰색으로 바뀌었다는 것은 수행자와 소가 일체가 되어 깨달음의 경지를 이루었음을 뜻한다. 이때 동자승은 소 위에 올라타 구멍 없는 피리를 불면서 고향으로 돌아온다. 구멍 없는 피리에서 선율이 흘러나온다는 것은 육안으로 살필 수 없는 본성의 자리에서 울려퍼지는 깨달음의 노래를 뜻한다.

집으로 돌아온 동자승의 곁에는 애써 찾았던 소가 온데간데 없다. 뗏목을 타고 강을 건넜으면 그 뗏목을 버려야 하는 이치처럼 이제 고향집으로 돌아왔으니 방편은 잊어야 한다는 것, 머지 않아 자기 자신도 잊어버린 텅 빈 공간에 일원상(一圓相)만이 남아 있게 된다. 우주 법계가 텅 빈 공(空) 상태이자 또한 진리로 충만되어 있음을 뜻한다. 그러므로 그 일원상에는 자연의 모습이 거울처럼 그대로 비춰진다. 치열한 부정을 거쳐 산은 산이요 물은 물이라는 대 긍정의 세계, 참된 지혜의 세계에 도달한 것이다.

절집은 이와 같이 소를 찾아 나선 구도자들이 수도하고 교화하는 도량이다. 그러므로 우리가 산문에서 마주치는 모든 것들, 건물이며 탑이며 시냇물이며 북소리, 종소리까지 그것들은 분명 세속에서 보는 것과 다르지 않을 수가 없다. 그 향기로운 말씀들로 하여 우리는 절집에 들어 옷깃을 여미며 오체투지로 엎드려 지혜를 구하고 번뇌의 숲 속에서 한줄기 빛을 바라볼 수가 있는 것이다.

남쪽 지방에 춘설이 내린다는 소식을 듣고 송광사를 찾아가면서 세속의 나그네가 구도자의 소 이야기를 꺼낸 것은 우리가 살아가는 인생의 의미도 바로 소를 찾아가는 그런 것이 아닐까 하는 생각에서다. 더욱이 그곳은 '소를 기르는 사나이' 목우자(牧牛子)라는 호를 지니고 서릿발 같은 구도자의 정신을 되살려 낸 보조국사 지눌의 도량이 아니던가.

송광사는 양산 통도사, 합천 해인사와 함께 우리나라 삼보 사찰 중의 하나이다. 그 자태는 소담하게 피어난 연꽃을 연상케 한다. 특히 그윽한 조계산의 산세에 화답이라도 하듯 둥지를 틀고 앉아 어깨와 어깨를 마주한 모습은 이 절이 얼마나 아름다운 선으로 이루어졌는지 감탄사가 절로 나온다. 그래서일까, 아무리 거칠고 들뜨기 쉬운 심성의 소유자라도 조계산의 품에 들어오면 차분하게 순화되고 부드러운 성정을 갖게 된다고 한다.

송광사는 신라 말 혜린 스님에 의해 창건되었다. 창건 시기에 대한 정확한 기록이 남아 있지 않아 알 수 없지만 처음에는 길상사(吉祥寺)라 불리던 작은 절이었으며 산 이름도 조계산이 아니라 송광산이었다.

고려 중엽에 이르러 보조국사 지눌이 이곳에서 '정혜결사'를 조직하면서부터 우리나라 선종 불교의 요람이 되었고 이름도 조계산(漕溪山) 수선사(修禪社)로 바뀌었다. 훗날 수선사는 예전의 산 이름을 따라 송광사(松廣寺)로 개명되었다. 정혜결사란 고려 전기 왕실과 문벌 귀족 등 권력층에 결탁하여 세속화되고 타락한 불교계를 비판하며 수도자 본래의 모습으로 돌아가자는 종교개혁운동이었다.

지눌은 황해도 서흥 태생으로 여덟 살의 어린 나이에 출가했다. 스물다섯 살 때 승과에 합격하여 출세의 길에 올랐으나 세속에서의 영화에 뜻을 두지 않고 구도의 길에 매진하기 위해 홀연히 남행길에 올라 제방 선원을 두루 다니며 오로지 정진에만 몰두했다.

그는 이 시절 대립과 갈등으로 반목하고 있는 고려 불교의 현실을 직시하고 교종과 선종을 하나로 통합하기 위한 원대한 이상을 품었다. 그리고 팔공산 거조사에서 정혜결사의 첫 불씨를 일구었다. 그 후 마흔한 살 되던 해 지리산 상무주암에서 대각을 이루고 그 깨우침을 사회화하기

크고 작은 전각들이 어우러진 송광사는 피어오른 한 송이 연꽃 모습이다

큰 산에는 큰 절이 있고 큰 인물이 난다. 승보 사찰 송광사는 생김새가 연꽃 같기도 하고 둥우리 같기도 한 가람. 눈 밝은 이는 이 땅의 생리를 금닭이 알을 품고 있는 형국이라 했다. 닭은 번식력이 강한 새, 이런 땅에 수도장을 지으면 구름처럼 구도자가 몰려들기 마련이었다.

위해 결사운동을 발원한다. 그것은 개혁운동의 횃불이 되었다.

초창기 수행자 중심으로 출발한 결사운동은 그 후 왕과 귀족, 서민 할 것 없이 많은 사람이 참여하여 사회운동으로까지 확산되고 고려 사회의 타락한 정신에 청신한 기운을 진작시켰다. 이 결사 정신은 고려 중기 이후 새로 등장한 무신정권 개혁의 사상적 이념을 제공한다. 그 후광으로 송광사는 보조국사 이후 조선 초기 고봉화상에 이르기까지 모두 16명의 국사를 배출하여 승보 사찰이 된 것이다.

이렇듯 덕 높은 스님들이 머물렀던 자취이므로 송광사는 여느 사찰의 가람 배치와는 차이가 있다. 법보 사찰 해인사가 대적광전 뒤편 가장 높은 곳에 장경각을 배치했듯 송광사도 대웅전 뒤편 높은 언덕 위에 스님들의 수행 공간을 마련해 놓았다. 축대를 쌓아 건물을 배치하는 산지 사찰에서 스님들의 수도장이 불전을 내려다보는 자리에 배치하는 경우는 찾아보기 힘들다. 그러나 송광사는 승보 사찰의 성격을 드러내 보이기 위해 스님들의 수행 공간을 사찰의 가장 윗자리에 배치해 놓았다. 조계 총림의 방장스님이 주석하고 계시는 삼일암과 하사당 수선사 국사전 설법전 응진전 등이 여기에 해당되는 당우들이다. 또 이들 수행 공간들보다 한 단계 더 높은 산등성이 위에 보조국사 지눌 스님의 사리탑이 송광사 전역을 내려다보고 있어 이 사찰의 독특한 기풍과 성격을 엿볼 수 있다.

다음으로 송광사에서 눈길을 끄는 것은 진입 공간의 아름다움이다. 소나무와 전나무, 활엽수림이 빽빽하게 들어차 청량한 기운이 감도는 숲길을 따라 오르면 조계산에서 흘러내리는 물소리에 귀를 적시며 호젓한 모습으로 서 있는 일주문을 만나게 된다. 큰 절의 유명세에 비해 결코 위압적인 크기를 자랑하지 않는 옛모습 그대로의 자태이다.

그 일주문 돌층계의 소맷돌에는 귀엽고 앙증맞은 모습의 돌사자상이 앉아 있다. 복슬강아지처럼 목에 방울을 걸고 있는 두 마리의 돌사자 중 한 마리는 앞발을 다소곳이 들어 턱 밑에 기댄 모습이다. 속탈하여 환생을 꿈꾸는 듯한 표정이다.

일주문을 통과하면 옛사람들의 안목은 한층 심오한 세계를 펼쳐 보인다. 속세와 성역을 구분하려는 듯 완강한 몸짓의 시냇물이 흘러내리는 곳에 돌다리와 누각, 승방의 건물들이 배치되어 우리나라 사찰의 진입 공간에서만 느낄 수 있는 아름다운 건축미와 사유의 형식을 보여 준다.

흐르는 개울물에 수중보를 만들어 연못을 만든 후 그 위에 수상누각을 지어 주변의 풍경을 감상할 수 있게 했다. 시내 위에 놓여진 무지개 모양의 돌다리는 신성한 곳으로 들어가는 통로임을 상징하고 있다. 돌다리 위에 지어진 누각의 이름 우화각(羽化閣)은 겨드랑이에 깃털이 돋아나 신선의 세계로 들어간다는 뜻이다. 우화각 상류에 웅장하게 펼쳐진 이층의 누마루는 시내를 베개 삼아 누워 있다는 뜻으로 침계루(枕溪樓)라 불리고, 아래쪽 수상 누각과 이어지는 건물의 처마에는 거울 같은 물가에 임해 있는 집이라는 임경당(臨鏡堂) 현판이 걸려 있다.

임경당 옆에는 육감정(六鑑亭)이란 또 하나의 현판이 붙어 있다. 사람의 감각 기관인 안(眼) 이(耳) 비(鼻) 설(舌) 신(身) 의(意) 육근을 관조하여 마음의 본성을 찾는다는 선(禪)의 경지를 드러내는 이름이다.

그 심오한 경지는 임경당 아래 대각폭포에서도 숨김없이 드러난다. 침계루 위쪽 조계산 바위 계곡을 자유분방하게 쏟아져 내리는 계류가 세속에서의 번뇌를 상징하는 것이라면, 임경당 아래 고요히 호수를 이룬 수

244

거울 같은 연못에 모습을 드리운 임경당

산문에는 향기로운 말씀이 있다. 세속의 번거로운 생각들을
고기뼈처럼 가지런히 추스려 거울 앞에 비춰보게 한다. 물가에
임한 집 임경당에 오르면 그 못 속에 썩은 가지를 잘라내고
새로운 정신을 길러내던 결사의 정신이 카랑카랑하게 살아 있다.

면은 번뇌가 사라진 구도자의 마음이다. 이는 심우도에서 소를 길들이는
목우의 경지와 상통한다. 그리고 그 아래 징검다리를 넘어 우렁차게 쏟
아져 내리는 대각폭포는 이름 그대로 깨달음의 세계를 상징하는 여여한
자연의 모습을 다시 보여준다.

이렇듯 옛사람들은 무심한 자연의 현상도 그냥 흘려 보내지 않았다.
거기에 종교적 상징성과 사유를 부여해 수행자의 공간으로 승화시켰다.
이를 낱낱의 건축적 이미지로 도해하여 공간을 꾸몄으니 산문에는 언제
나 향기로운 말씀들이 묻어 나게 마련이다. 그들은 분명 구도의 과정에
서처럼 일상 생활에서도 심미안의 소유자다웠다.

전남 순천시 송광면 신평리 조계산에 있다. 광주에서 남해고속도로를 따라 순천 방면으
로 가다 송광사인터체인지로 진입하여 다시 27번 국도를 따라 벌교쪽 방면으로 10킬로
미터쯤 가면 송광사 입구에 이른다. 송광사 종무소(0661-755-1107)

그리운 곳에 옛집이 있다

지은이_이형권

펴낸이_임정량

펴낸곳_ 해들누리

주소_서울시 서초구 양재동 8-6

전화_529-8005(代)/팩스_529-8006

1999년 9월 20일 초판 1쇄 펴냄

1999년 10월 5일 초판 2쇄 펴냄

등록일_1999년 4일 28일

등록번호_제22-960호

ISBN 89-86758-36-9 03810

ⓒ 1999, 이형권

값 8,000원

• 파본은 바꾸어 드립니다

• 해들누리 는 누구에게나 열려 있습니다

• 독자의견 전화_529-8005